昭和の右翼と左翼

別冊宝島編集部 編

宝島SUGOI文庫

宝島社

はじめに

本書のテーマでもある「右翼」と「左翼」という言葉は、大正時代につくられ昭和の時代に根付いた。右翼と左翼は昭和を象徴する言葉でもある。

右翼と左翼が激しくぶつかり合ったのが昭和の時代だ。国家主義、民族主義をかかげた右翼と、社会主義、マルクス主義をかかげた左翼が、あるべき未来に向けて、まさに命を懸けて闘っていた。

熱き時代が昭和であった。

しかし、昭和が終わると熱き時代も終わってしまった。理由は左翼の退潮である。昭和の終わりは1989年1月7日。昭和天皇が崩御された日だ。

東西冷戦の象徴であるベルリンの壁が破壊されたのが、同年11月9日。ベルリンの壁を作ったのは東ドイツであり、社会主義を守るための楯でもあった。ベルリンの壁の崩壊は社会主義の終わりを示していた。昭和が終わると同時に、社会主義の瓦解が始まったのだ。

平成の時代に入ると、世界的な左翼の退潮があきらかになった。1991年にはソビエト社会主義共和国連邦が崩壊。ソ連は曲がりなりにも社会主義、共産主義の母国と言われていた。ソ連のイデオロギーの根本は、マルクス主義であった。

マルクス主義は、昭和の左翼にとって、誰もが学ぶべきものとされた。1956年のスターリン批判をきっかけに、ソ連をスターリニズム国家として否定した新左翼の人たちも、マルクスを勉強し、マルクスに学んだマルクス主義者だった。

左翼であれば、誰もがマルクスの『共産党宣言』を読み、エンゲルスの『空想から科学へ』を読んだ。マルクスの『資本論』は難しすぎて、完読できた人は少なかっただろうが……。昭和の時代は、マルクス主義が信奉されていた時代だったのだ。

しかし、それも昭和とともに終わった。

一方、右翼にとって昭和とは、保守・反動の人たちとして蔑まれた時代だった。

右翼という言葉のはじまりはフランス革命の頃にさかのぼる。議会で革命派が陣取った席が左側にあったのにたいして、穏健派が陣取った席が右側だったので、右翼と呼ばれるようになった。

あくまで、左翼があって、その対立的存在としての右翼があったのだ。革命派＝「正義の味方」の左翼に対して、右翼は守旧派＝「悪の手下」と卑下されていた。

昭和の時代の右翼も同じだった。革命運動、労働運動、平和運動などで、大衆や労働者、貧困な人々のために闘う「正義の味方」が左翼であって、権力の手足となって左翼の運動を破壊するのが右翼と認識されていた。

しかし、日本の右翼の源流は権力の走狗ではない。終戦直後の労働運動や60年安保闘争のときに、労働者や学生たちのデモを暴力で破壊をしていたのは、経営者側や権力に買われたヤクザたちが多かった。彼らが右翼を名乗って左翼運動を潰していったのだ。

本来の右翼はそうではない。右翼の源流は、天皇制を守りつつ、日本の未来のために、新しい時代を切り開こうとした明治維新の志士たちである。吉田松陰、高杉晋作、西郷隆盛たちだ。

明治維新の志士たちを理想とする右翼たちは、ソ連の指示で動いている共産党をはじめとする左翼たちに日本の危機を感じた。だからこそ、左翼とぶつかって、日本を守ろうとしたのだ。

カネで買われた自称右翼のヤクザたちとは違った。左翼かぶれの連中から日本の伝統や文化を守ろうとした人たちなのだ。
昭和とは、右翼も左翼もが理想に燃えていた。日本の伝統と文化を守ろうとした人たち。貧困なき平和な社会を目指して革命運動をした人たち、両者とも、命をかけて闘った時代である。そんな熱き時代の右翼と左翼を紹介しよう。

別冊宝島編集部

※本書では右翼も左翼も全体が理解できるよう、昭和以前の人物から紹介している。

第1章 日本の右翼

【憂国の志士たちの実像】

第2章　日本の左翼

第1章

日本の右翼

右翼とはいったい何なのか

権力者の走狗ではない！　日本の伝統を愛する人々だ

文／九鬼　淳

尊王攘夷

フランス革命での議会において、保守派や穏健派は議場の右側を占めていた。そのとき、左側を占めていたのが革命派である。そのため、革命派は左翼と呼ばれ、保守、穏健派は右翼と呼ばれた。革命時の主役は革命派である。だから、左翼が主流あり、右翼は傍流で批判されるべき存在であった。右翼という言葉は卑下する言葉であった。

日本に「右翼」と「左翼」の言葉が入ってきたのは大正時代。社会主義運動や無政府主義運動が始まったのが明治の後半であるから、それまでは右翼も左翼もなかった。

明治をつくったのが、維新の志士たちである。彼らは左翼ではない。しかし、革命的精神を持っていた。尊王攘夷をかかげ、日本国を欧米列強から守り（攘夷）、天皇を護持して日本の伝統を守ろう（尊王）とした。

これが、右翼の源流である。彼らは、ただただ、日本を立派な国にしたい、日本の伝統を守りたいと思っていた人たちである。

しかし、明治政府は攘夷を投げ捨てて開国に踏み切った。欧米各国の軍事力や産業革命による生産力を見せつけられた明治の元勲は、攘夷を続けることが、とうてい不可能であることを知った。

そして、日本の未来を目指して、富国強兵を図り、欧米各国に対抗できる軍事力と経済力をつけようとした。非常に現実的な政策を明治政府は採用したのだ。

だが、これによって、西洋文明が日本に流れ込んでくるようになる。服装は着物から洋装に変わる。鹿鳴館では夜ごとに西洋風のパーティーが行われ、西洋男性が煌《きら》びやかなドレスに身を包んだ日本女性とダンスを踊るようになる。

これを見た心ある日本人たちは、日本の伝統が失われてしまうと危機感を抱いた。

さらに、富国強兵によって、貧富の差の拡大や労働者の待遇が非常に過酷なものになっていった。貧富の差は、明治後半に社会主義運動や無政府運動を生む土壌となるのだが、日本の伝統を重んじる人たちにとっても、西洋文明がもたらした弊害と認識するようになった。

明治政府の富国強兵と西洋化が、日本の伝統を守ろうとする人々にとって、伝統を破壊するものでしかなくなっていたのだ。ここに右翼運動の源流となる人々の心情がある。反西洋の心情は、近代右翼の祖といわれる頭山満の、反西洋、アジア主義を生み出すことになる。さらに、西洋化を進める政府に対しては、反権力となっていった。だから右翼＝権力の走狗ではない。

明治維新を生み出したイデオロギーである尊王攘夷の尊王を、明治政府は、攘夷とは違って採用している。尊王の対象である天皇は大日本帝国憲法で統治権の総攬《そうらん》者と規定された。大日本帝国憲法は、王様のいるヨーロッパの立憲民主制を範にとって、天皇を最終的な決定権者とした。

尊王を実現した明治政府であるから、日本の伝統を守ろうとする人々にとっても、不足ないものであった。ただし、明治政府の尊王は、あくまでも立憲制であり、議会が政策を決める場であることに変わりなかった。天皇が議会の決定を覆すことはほとんどなかった。

右翼は軍国主義者でもなければ、ファシストでもない

ちなみに、右翼は軍国主義者でもないし、ファシストでもない。右翼は軍事力の強化を主張するが、それは日本を守るためであり、相手の国を侵略するためではない。日本は満州事変や日中戦争を引き起こすが、それは右翼がやったことでない。軍部の戦争急進派が引き起こしたものに過ぎない。

右翼の中にはファシストに憧れる者もいるが、それは右翼＝ファシストを示すものでない。独裁権力を握るのは、左翼も同じである。スターリンや毛沢東を見ればわかる。

右翼を権力の走狗、軍国主義者、ファシストと呼ぶのは、左翼によるレッテル貼りでしかない。右翼の思想は尊王攘夷であり、日本の伝統を守ろうとする人たちである。

愛国心を取り巻くことばの数々

右翼を知るためのキーワード

黒い街宣車にペイントされたメッセージだけではなく、右翼・民族派思想を読み解くことばには、多様な背景がある。彼らは、わけもなく怒鳴り散らしているわけではない。また、右翼内部においても、スタンスの微妙な色分けがある。

文／栗原正和

国家主義

ナショナリズム。評論家・浅羽通明は二冊の著作を対置して上梓した。『ナショナリズム』と『アナーキズム』である。これは国家（≒ナショナリズム）と個人（≒アナキズム）という対立概念が前提にあるが、その一方で、個人は国家のために尽くすことで個人としても充足されるという視点もある。より情緒性をこめた「国粋主義」や、国家以前の集団概念を用いた「民族主義」ということばとも、意味が隣接している。

伝統主義

神武天皇以来、歴史を重ねてきた日本という国家に誇りを持てというメッセージが、伝統を重要視する伝統主義である。長く続けばそれだけ結果的に良いものであるというひとつの根拠に則っている。ただし、左翼に言わせると、この場合「悪しき伝統」ということは想定されていない。

反共産・反社会主義

共産主義や社会主義が人間の平等を根拠に、王制（日本では天皇制）を打倒しようとしているというところが、右翼が敵対意識を持つ第一の理由になっている。一方の概念として吉田松陰などが唱えた「一君万民」という考え方があり、すなわち皇族以外はすべての民が平等であるという整理の仕方だ。おもに戦後の冷戦構造の影響で大半の右翼はこの考え方に基くが、戦前は北一輝のように国家社会主義として国家主義と社会主義の融合をはかった者もいた。

一人一殺・一殺多生

血盟団事件の井上日召が唱えて以来、テロリズムの潔癖さを象徴する言葉として使用されているのが「一人一殺」。一人が一人の奸物（悪人）を殺すべしという考え方。しかし井上は本来「一《いっ》殺《さつ》多《た》生《しょう》」を唱えた。これは、奸物を一人殺すことで、より多くの人を生かそうという考え方。テロ肯定の論理としてたびたび使われる。

全日本愛国者団体会議

略称は「全愛会議」。数多くある右翼団体に横のつながりを持たせるためにつくられた機関。これとは別に、政治家や文化人などを多く含む「日本会議」という機関もある。愛国精神をベースにして団体間の垣根をなくしていこうという姿勢だが、個別の考え方・世界観においては差異がある。

街宣右翼

警察庁は以下のように定義している。「街頭宣伝車を使用し、企業等への執拗な糾弾活動を行い、その中止と引き替えに経済的な支援を得ようとする暴力団系の右翼団体」。また、「少人数で効率的に資金獲得が図れるようになったこと」で「暴力団が政治結社を結成したことなどが大きな要因」とも指摘している。なお、路上で街宣活動をする場合には各警察署長に道路使用許可申請が必要になる（道路交通法第78条第1項）。

新右翼とヤルタ＝ポツダム体制

日本の退廃堕落の原因は、ヤルタ＝ポツダム（YP）体制にあり、これを打倒しなくてはならないと考え、昭和40年代から活動を始めた右翼の新しいムーヴメントやその団体を「新右翼」と言う。ヤルタ＝ポツダム体制とはヤルタ会談＝ポツダム宣言によって構築された「敗戦国・日本」の国家体制のこと。新右翼は既存の右翼と一線を画し、思想性・論理性を強く打ち出した。その意味では言論重視だが、思想徹底がテロを過激にしたという指摘もあり、朝日新聞記者を殺害した赤報隊事件も新右翼の犯行ではないかと疑われている。活動スタイルは敵対する新左翼とも似ている。

親米と反米

アメリカとはなるべく仲良くやった

ほうがいいという視点が親米で、アメリカと敵対する視点が反米。赤尾敏の大日本愛国党に代表されるように、既存右翼は親米的傾向が強い。新右翼はアメリカ批判をひとつの軸にしている。

ネット右翼

インターネット上の巨大掲示板「2ちゃんねる（現・5ちゃんねる。1999〜）」などで使用される言葉。ネットの匿名性ゆえに、自分の発言に責任を持たなくていいという背景から、極度に攻撃的な考え方で中国・韓国を強く非難したりする。顔を出して直接行動にうってでる者も少数ながらいるが、大半は「姿も見せずに口先だけ」のネット特性に便乗した人々のことである。ネット右翼の多さは、潜在的に右翼思想を持っていた者がいかに多かったかということの証明でもあった。「ネトウヨ」とも称される。

国体

万世一系の天皇を中心とした国家体制のこと。転じて、天皇そのものという意味で使用される。右翼用語としての国体は国民体育大会（現・国民スポーツ大会）ではない。文部省が193

7（昭和12）年に作成した「国体の本義」という文書では、欧米の考え方に毒されず、日本独自の伝統を大切にせよという考えが述べられ、ひいては大東亜共栄圏思想が謳われている。

教育勅語

日教組の教育方針へのアンチテーゼとして引き合いに出される。勅語というのは天皇が国民に向けて出す言葉という意味。１８９０（明治23）年に明治天皇によって発布され、「愛国心」や「親孝行」といった理念が示されている。右翼は、子供たちがイジメをし、犯罪に走るようになったのは教育勅語の精神が失われたからだという指摘をする。

軍人勅諭

正式名称は「陸海軍軍人に賜りたる勅諭」。明治天皇が軍人に対して出した言葉で、軍人たる者の徳目として「忠節」「礼儀」「武勇」「信義」「質素」を挙げている。その基盤には「誠心」という天皇への忠誠心があり、こうした精神を大切にせよと右翼は主張している。一方で、この勅諭には、軍人は政治に口を出すなというスタンスもあり、冷静に読み取ることができていたら軍部の暴走はなかったであろうという歴史的視点もある。

大陸浪人

明治時代あたりから中国大陸に渡り、活動した民間の日本人たちのことを指す。内田良平などは代表的な大陸浪人。アジア主義的な考え方を持ち、中国に対する欧米列強の侵略・植民地化に抵抗しようとした。企業や個人の有志、あるいは軍などの種々雑多なところから支援を受け、活動資金としていた。しかし、大義の裏に、自身の利欲があったのではないかと指摘する向きもある。

靖国神社

九段にある神社。1869（明治2）年に、戊辰戦争における官軍サイドの戦死者慰霊のため、「東京招魂社」としてつくられた。1879（明治12）年に「靖国神社」に呼称が改められる。もともと軍の管理下にあったが、戦後は政教分離で一宗教法人となる。軍人・軍属・準軍属他の戦争犠牲者が祀られているが、一般の犠牲者は祀られていない。戦前の国家神道を象徴する存在。右翼の聖地とも言える。

皇道派・統制派

おもに二・二六事件において指摘される分類法。クーデターを起こし反逆したのは皇道派軍人で、彼らには天皇と国を本当に思っているのは自分たちであるという確信があった。これに対して統制派軍人は秩序を重んじる軍人たちのこと。しかし昭和天皇は皇道派の行動に激怒したと言われている。

日教組

街宣する右翼が抗議対象としている団体・日本教職員組合のこと。右翼にとってみると、左翼的思想を子供たちに教え込んでいるというのが敵対視のおもな理由である。ただし、日教組の組織率は低下傾向にあり、その一方で右翼的思想を持った教員の増加もある。

維新

右翼は維新という言葉を好む。右翼にとって、明治維新は天皇を中心として日本という国をまとめあげた誇りうる瞬間であり、それを再度やり遂げて堕落した状態を打破したいと願う心情がこの言葉の使用に結びついている。

すべては西郷隆盛の精神を継いだ
玄洋社からはじまった

右翼運動の歴史

右翼運動の原点は、「玄洋社」にはじまるといわれている。ここに所属した、頭山満、内田良平などがその後の運動の中心となった。

文／那由他一郎

明治維新後、西郷隆盛の「西南の役」が鎮圧されて、改めて新日本建設の模索がはじまった。この時期に台頭してくるのが、福岡で設立された「玄洋社」である。頭山満、内田良平などが中央政府の批判だけでなく、政治的課題を補完しているようにみえる活動を開始する。この「玄洋社」に社憲則というものが残っている。たった3本の原則だけだ。第1条　皇室を敬戴すべし。第2条　本国を愛重すべし。第3条　人民の権利を固守すべし。

皇室つまり天皇を崇敬することを第一にあげている。古来、日本民族の伝統として天皇は、わが国の国体、文化、思想の中心にあると認めるところから右翼は出発しているともいえる。

右翼黄金期

頭山や内田たちは、ときには革命の志士、ときには政府顧問、ときには社会のフィクサーとして、次第に「右翼」とはこういうものだと、形にしていった。彼らは、当初、封建的支配と西洋列強と戦うアジア革命を支援するという活動をはじめて、その存在を社会的に認めさせた。

日清・日露戦争をはさんだこの時代が、右翼としてひとつの黄金時代を示している。明治新政府が政権能力も未熟で、国家経営に在野の力を必要とする場面が多かったからだ。

中国大陸での戦争やロシア情報に関しては、すでに大陸へ進出していた浪人右翼たちの情報と工作が戦況を有利にした。

その後、内田良平は玄洋社から分離して「黒龍会」を組織、さらに昭和になって「大日本生産党」を発足させる。大正、昭和と日本の右翼活動は活発になっていくが、いずれも源流をたどれば、このあたりに落ち着く。

大正時代に入ると、大正デモクラシーを背景に社会主義運動が盛んになり、これらとの対立と融和のなかで右翼運動は続けられていく。任侠系右翼と呼ばれる一群が現れてくるのもこの頃である。その一方、社会不安や経済恐慌の嵐のなかから国家革新の気運が盛り上がる。「老壮会」が結成され、後の右翼指導者となる人物が結集した。ここから大川周明が「猶存社」を立ち上げ、北一輝を誘って国家改造運動をはじめる。

さらに高畠素之らの「経綸学盟」が生まれ、社会主義的思想が右翼運動に入り込んでくる。赤尾敏の「建国会」は、高畠思想の影響を受けて1926（大正15）年に発足している。ここには津久井龍雄も参加している。

また安岡正篤らが「行地社《ぎょうちしゃ》」を起こし、西田税《みつぎ》などが影響を受ける。昭和維新は、このように大正末期に生まれた数々の右翼グループが、反目と協力のなかからひとつの運動体として結集していくのである。

昭和時代に入ると、革新派国家主義グループの統一体である「全日本愛国共同闘争協議会」が発足する。国家革新、政党政治の打破をスローガンにした協議会には、北一輝系のグループをはじめ8団体が結集している。

テロの時代

昭和維新活動ののろしは、愛国社社員・佐郷屋留雄の浜口雄幸総理への狙撃事件からはじまった。翌31年には、三月事件、十月事件と連続してクーデター未遂事件が起こる。

そして32年に井上準之助、団琢磨を暗殺する血盟団事件が社会を驚かせた。井上日召が指導した血盟団事件のインパクトは大きく、愛郷塾を主宰していた橘孝三郎を五・一五事件に駆り立てた。やがて民間右翼、青年将校を巻きこんだ運動体は、「国家改造」のスローガンのもと、昭和最大のクーデター事件といわれる二・二六事件へと流れこんでいく。二・二六事件は皇道派対統制派という陸軍内部の対立事情が背景にあるが、このクーデター事件を機に、軍部の狂走がはじまった。国家総動員体制がとられ、太平洋戦争に突入していく。

戦後の右翼はGHQによって一斉に解散させられた。また「天皇人間宣言」と新憲法の国民主権により、右翼の存在は弱まるが、世界の冷戦構造の影響で反共勢力として復活。しかし、新左翼の台頭もあり、戦前に比べ、戦後の右翼は影響力を持つことはできなかった。この沈滞ムードを破った三島由紀夫の自衛隊市ヶ谷駐屯地でのクーデター未遂事件は、新右翼という新たな活動体を誕生させた。

おもな右翼団体の流れ

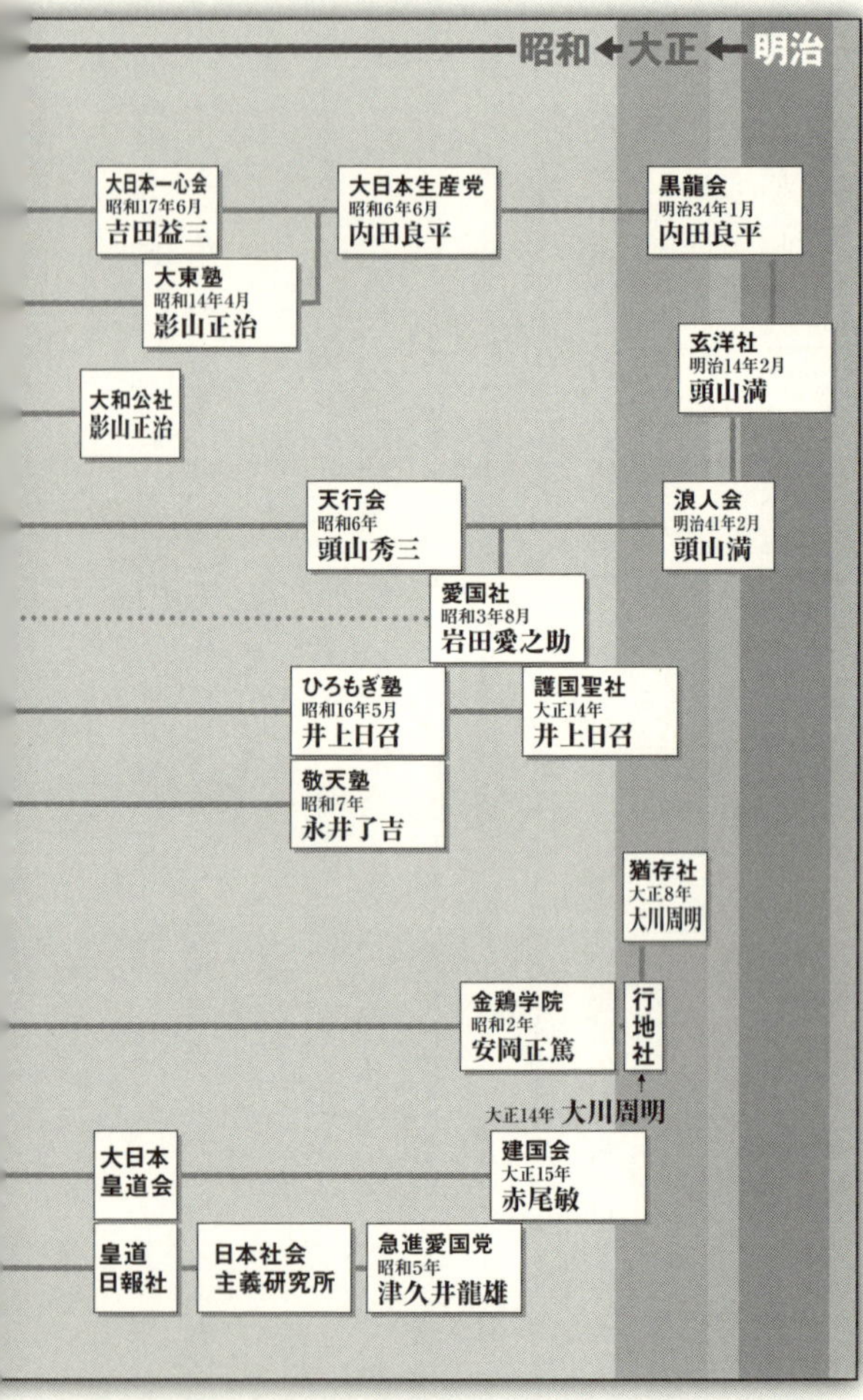
昭和←大正←明治
黒龍会 明治34年1月 内田良平
大日本生産党 昭和6年6月 内田良平
大日本一心会 昭和17年6月 吉田益三
大東塾 昭和14年4月 影山正治
玄洋社 明治14年2月 頭山満
大和公社 影山正治
浪人会 明治41年2月 頭山満
天行会 昭和6年 頭山秀三
愛国社 昭和3年8月 岩田愛之助
護国聖社 大正14年 井上日召
ひろもぎ塾 昭和16年5月 井上日召
敬天塾 昭和7年 永井了吉
猶存社 大正8年 大川周明
行地社
大正14年 大川周明
金鶏学院 昭和2年 安岡正篤
建国会 大正15年 赤尾敏
大日本皇道会
急進愛国党 昭和5年 津久井龍雄
日本社会主義研究所
皇道日報社

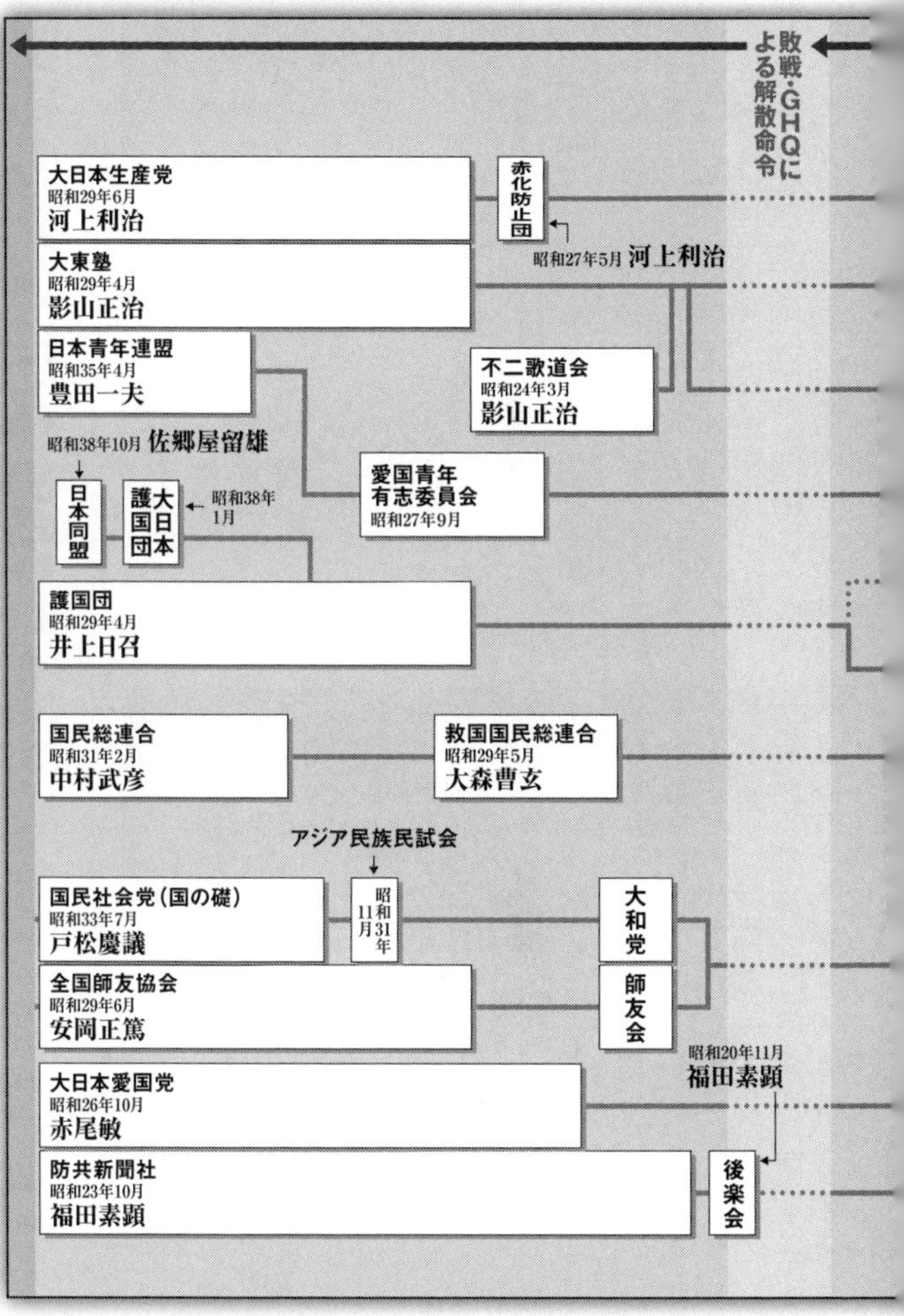

敗戦・GHQによる解散命令
大日本生産党
昭和29年6月
河上利治
赤化防止団
昭和27年5月 河上利治
大東塾
昭和29年4月
影山正治
日本青年連盟
昭和35年4月
豊田一夫
不二歌道会
昭和24年3月
影山正治
昭和38年10月 佐郷屋留雄
日本同盟
大日本護国団
昭和38年1月
愛国青年有志委員会
昭和27年9月
護国団
昭和29年4月
井上日召
国民総連合
昭和31年2月
中村武彦
救国国民総連合
昭和29年5月
大森曹玄
アジア民族民試会
昭和31年11月
国民社会党（国の礎）
昭和33年7月
戸松慶議
大和党
全国師友協会
昭和29年6月
安岡正篤
師友会
昭和20年11月
福田素顕
大日本愛国党
昭和26年10月
赤尾敏
防共新聞社
昭和23年10月
福田素顕
後楽会

昭和の右翼によるおもな事件

昭和2年		安岡正篤、金鶏学院創立
昭和5年	4月	統帥権干犯問題発生
昭和6年	3月	三月事件
	10月	十月事件
昭和7年	1月6日	春秋園事件
	2〜3月	血盟団事件
	5月15日	五・一五事件
昭和8年	7月11日	神兵隊事件
昭和10年	2月	天皇機関説問題化
	8月	相沢事件
昭和11年	2月26日	二・二六事件
昭和12年	10月	朝鮮で「皇国臣民ノ誓詞」配布
昭和18年	11月5日	大東亜会議
昭和20年	8月14日	安岡正篤、終戦詔書作成
		宮城事件
	8月22日	愛宕山集団自刃事件
昭和33年	5月2日	中国国旗引き降ろし事件

昭和35年	6月17日	社会党河上代議士殺人未遂事件
	7月14日	岸首相傷害事件
	10月12日	浅沼社会党委員長殺人事件
昭和36年	2月1日	嶋中事件
	8月19日	ミコヤン・ソ連第一副首相殺人予備事件
	12月12日	三無事件（戦後初のクーデター事件）
昭和38年	7月15日	河野一郎邸焼き討ち事件
	11月5日	池田首相殺人未遂事件
	11月13日	日本共産党・野坂議長殺人未遂事件
昭和43年	1月24日	バイバコフ・ソ連副首相暴行事件
昭和44年	7月31日	マイヤー大使暴行事件
昭和45年	11月25日	三島事件
昭和46年	7月7日	自民党本部発煙筒投てき事件
	8月26日	朝日新聞社爆破予備事件

	9月21日	竹入公明党委員長刺傷事件
昭和48年	5月13日	日本共産党・宮本委員長襲撃事件
	7月10日	昭和維新連盟によるハイジャック未遂事件
昭和49年	3月25日	防衛庁侵入事件
	5月3日	成田社会党委員長殺人予備事件
昭和50年	2月28日	外務省侵入事件
	3月28日	猶存社など日本共産党不破書記局長の宿舎に侵入
昭和52年	3月3日～4日	野村秋介らによる経団連会館襲撃事件
	5月26日	日本共産党・宮本委員長殺人予備事件
	6月30日	自民党本部でけん銃発砲事件
	10月20日	ソ連大使館乱入事件
昭和53年	12月18日	大平首相襲撃事件
昭和54年	3月31日	宮本委員長殺人未遂事件
	4月7日	新宿駅東口広場集団暴力事件
	5月25日	影山大東塾塾長自決

昭和55年	3月4日	ソ連領事館襲撃事件
昭和56年	8月21日	田中元総理殺人予備事件
昭和57年	6月18日	日本教育館内殺人未遂事件
昭和58年	5月10日	奥田福岡県知事に対する暴行事件
	6月8日	奥田福岡県知事に対する暴行事件
	8月2日	横山社会党代議士に対する傷害事件
昭和59年	11月27日	田中元総理私邸火炎びん投てき事件
昭和60年	3月26日	田中元総理に対する自決勧告企図事件
	5月28～29日	日教組本部などに対する小包爆弾郵送事件
	11月17日	ソ連大使館に対する街宣車による通用門破壊事件
昭和61年	1月17日	シェワルナゼ・ソ連外相に対する火炎びん投てき企図事件
	7月10日	韓国大使館員に対する傷害事件
	8月1日	中国大使館敷地内ビラ散布事件
	8月30日	中曽根首相生家墓所に対する礼拝所不敬事件

昭和62年	1月13日	住友不動産会長宅人質立てこもり事件
	1月31日	住友銀行東京営業部内けん銃発砲事件
昭和63年	6月21日	中国国旗引き降ろし損壊事件
昭和64年	1月5日	牛刀所持長崎市役所侵入事件

憂国の
志士たちの実像

1881年―玄洋社設立

「反西洋・反権力・アジア解放」近代右翼運動の源流をつくった

とうやま・みつる●1855年、福岡県に生まれる。西南の役の翌年に国会開設などを標榜して「向陽社」を設立する。81年に「玄洋社」と改名、日本の政治、外交の裏面を支え大アジア主義を唱える。昭和前期までつねに右翼陣営の中核にいて政財界に大きな影響力を行使した。1944年没。

日本右翼の源流

頭山満

計り知れないスケール

眼光炯炯《けいけい》として人を射る。彼の前では時の大臣宰相といえども、みんなが萎縮したという。とにかく、この男の前には一命を鴻毛《こうもう》のごとく差し出そうという人間が参集したというから、そのスケールは計り知れない。

男の名前は、頭山満。一般に明治、大正、昭和と日本の裏面史を形づくってきた右翼の巨魁《きょかい》といわれている。頭山はその生涯で数えきれないほどの政治事件に介入、示唆をしているが、警察関係からの取り調べはただ1回のみと伝えられている。その自宅は外国大使館のように治外法権となっていた。

頭山が当局の調べを受けたのは、１８８９（明治22）年に頭山率いる玄洋社社員来島恒喜《くるしまつねき》が大隈重信爆殺未遂事件をおこした時だけだ。来島はその場で短刀自決した。大隈の外交政策（不平等条約の受け入れ）には反対意見も多く、この事件は玄洋社の名を高らしめることになった。以来、無位無冠の身でありながら彼の身辺は警察権力の及ばない聖域となっていた。血盟団事件の時、井上日召は頭山邸にかくまわれていたが、警察はそれを知っていながら手出しができなかったという。

頭山の力を日本中に知らしめた出来事に「宮中某重大事件」というのがある。事件のあらましはこうだ。後の昭和天皇の妃に久邇宮良子《くにのみやながこ》が内定した時、元老の山県有朋が、母方の島津家に色覚障害の系統があると反対をした。山県の本心は皇室に政敵薩摩系が入ることを拒むことにあった。

頭山は右翼陣営をまとめ、山県を突き上げ、同調する勢力に脅しをかけた。当時の絶対権力者と目されていた山県は、結局、頭山の圧力に屈して横槍を引っ込めた。

一介の浪人が政府に代わって天皇家の問題を解決したのである。頭山は各新聞に「頭山満氏謹話」を発表、事件の収拾経過を語った。これは明治維新後の日本にとって、空前絶後の異常なことであった。彼はその後、皇太子御成婚の饗宴に招かれるなど、日本の政界においても特異な地位を築いていく。

頭山満を語ることは、日本の右翼を語ることになる。彼はその源流の水を汲み取ってひとつの運動体へと昇華させた。幕末の「尊王攘夷」思想を踏まえ、維新政府樹立後の士族の反乱や自由民権運動と同調、結び合い、絡み合い、玄洋社は形づくられていった。また、彼の背後には「西南の役」で憤死した西郷隆盛の影が強く感じられる。

西郷の死後、若き頭山は西郷の慰霊を守っていた人物を訪ねている。薩摩の西郷家の門前に立ち「頼もう」と大声で叫んだ。「何の御用か」と白髪豊かな老人が対応した。「西郷先生に会わせてもらいたい」。この言葉に老人は驚いた。「西郷先生だと。もう亡くなっておるわい」。西郷を訪ねてくる人間は多くいたのであろう、老人はあきれたように頭山を見すえた。

「西郷先生は亡くなっても、その精神は生きておるはずじゃ。福岡からきたのはその西郷先生の精神に会うためじゃ」と頭山は誠心を語った。この言葉に老人は感激、家のなかに招き入れたという。

大川周明は、頭山の印象を「大阪城の石垣のようだ。押しても引いても動かない大雄峰」と語っているが、これはそのまま西郷隆盛を語る同時代の人間たちが語った西郷像と同じものだ。茫洋としてスケールの大きな人物像は西郷と重なるものを感じたのであろう。頭山自身も西郷の書として有名な「敬天愛人」という言葉を好んでしたためている。西郷のものより頭山の手によるほうが多いといわれるほどだ。

もちろん、批判はあった。粗野でナチスタイプだと外国記者からは評されており、彼の本質は狡猾な陰謀家であり、「浪人の元老」とさえののしる人間もいたそうだ。

頭山が朝鮮の金玉均や中国の孫文や、あるいはインドのラス・ビハリ・ボースなどの革命運動を援助したのは、彼らが政権をとった時、その特権利権を得ようとする「先行投資」でしかないという意見もあった。

当たり前だ。人間の行為に全く無償のものなどない。釈迦やキリストはどうか。カリスマと呼ばれるのは人間だからである。欲を持ち、利を追求するのは人の常である。

（那由他一郎）

1901年―黒龍会設立

明治、大正期の日本外交を先導した〝主流派右翼〟の巨頭

内田良平

列強も恐れた「ブラック・ドラゴン」

うちだ・りょうへい●1874年、福岡県に生まれる。玄洋社で頭山満らと知り合い、朝鮮革命の東学党支援のため朝鮮に渡り天佑侠に参加する。1901年に大アジア主義と天皇主義を掲げる「黒龍会」を結成。対露開戦、日韓併合運動などを推進して右翼運動指導者として重きをなす。37年死去。

朝日新聞を攻撃

明治・大正・昭和にかけての右翼運動の巨頭として頭山満と並び称される存在である。頭山が相撲を取らずに横綱になったとすれば、内田は実際に相撲を勝ち抜いて横綱になったといわれる。当時から行動派右翼として一目置かれていた。

このように内田良平といえば、無双の豪傑としてやりたいことをとことんやり尽

くした天衣無縫の「右翼人」というイメージであるが、相当ナイーブな面も持ち合わせていたようである。晩年に、こんな言葉を残している。「ワシのけんかはいつも負けだ。何しろ相手は政府だから」と。一種後悔の気持ちもこめられ、縦横無尽に朝鮮半島を暴れまわった国士・内田の言葉としては、弱気に過ぎるきらいがある。所詮、右翼という立場はこんなものだという感じがするが、どうしてどうして、内田は当時の政府外交の牽引役を立派に務めている。

内田はもともと身体強健というのではなかった。少年時代はおじの平岡浩太郎（玄洋社社長）の家で療養しているし、晩年は病床苦衷のなかで亡くなっている。けれども彼は不屈の精神で国事に奔走している。

人間を衝き動かすものは、己の強い信念、これ以上のものはないということを行動で示していたのが、内田の生涯であった。

「人間は活動力のさかんな時ほど敵がいる。しかし、ここで怒ってはいけない。たえず努力奮闘していれば必ず彼岸に達するものである」

若い門下生たちに、いつもこのような言葉で指導していた。

1894（明治27）年、内田は朝鮮半島で政府打倒に立ちあがった東学党支援のために、玄洋社から朝鮮に派遣された。そこで「天佑俠」を組織、革命戦線に加わる。その後、フィリピン独立軍の支援、中国革命の孫文への援助と、アジアを駆け巡る行動派として内田の名前は内外に知られていく。

「黒龍会」を結成するのは、この頃である。黒龍江を前に、雲を呼び風を望む、高大な志をこめて命名したものだ。後日、黒龍会を英国人が「ブラック・ドラゴン」と訳し、映画まで製作したそうだ。内田はこの英訳を嫌った。「ケンブリッジを剣橋というようなものだ。どうせならアムールと言ってほしい」と言っていたそうだ。アムールとはフランス語でキューピッドという意味だという。

朝日新聞は戦前から右翼陣営とは仲が悪かったようで、内田は大朝日の社主、村山龍平を猛烈にいたぶっている。後年、朝日新聞に抗議、役員を前にピストル自決をした野村秋介と同じように、社会の木鐸《ぼくたく》といわれて思い上がりのあった大新聞に鉄槌を下したものだといえる。それは「白虹《はっこう》事件」と呼ばれた。1918(大正7)年8月14日、政府は全国で勃発した米騒動の報道を禁止したが、朝日はこれを「白虹日を貫けり」という表現を用いて政府批判をした。これに対し内田は、中国の故事で日は天子のこと、つまり天皇を倒すという不敬を表しているとして、朝日新聞を攻撃したのだ。

同志とともに社主を拉致、大阪・中之島公園の灯籠に縛りつけて、大衆の前で「こいつは国賊だ」とやりだしたから朝日新聞もたまらない。全面屈服、大山郁夫ら左翼系記者6名を辞職させたという。朝鮮革命で行なってきた権力者へのリンチそのものである。

さらに内田は頭山満を顧問にして「大日本生産党」を組織する。結党式の参会者は5000人を超えたという。ここからは後世名をなす影山正治、白井為雄など多数の右翼人が育っている。「生産」という言葉は、左翼陣営が使う「無産」に対抗したものと誤解されるようだが、全く違う。記紀神話に登場する神代の神「産霊神《むすびのかみ》」からきている。天地万物を生成する力を有した神で、万世一系の天皇を崇拝する意味がこめられている。

このように縦横無尽、右翼活動家として剛腕を発揮した内田であったが、「言葉」というものをことさら大切にしていたことがうかがえる。黒龍会、生産の意味にこだわったのもうなずけるが、行動の端緒にまず言葉ありきの行動原理は、右翼思想のひとつの原型をなすものともいえる。

（那由他一郎）

1911年—中国革命に協力

中国革命に全身全霊を傾けた〝純粋・硬派〟な大陸浪人

みやざき・とうてん●1871年、熊本県に生まれる。本名は寅蔵。中学中退後、徳富蘇峰の大江義塾を経て東京専門学校入学。兄たちの影響で「アジア解放計画」に傾き、中国革命の孫文と知り合う。以後、アジア全域に渡って革命運動に身を捧げる。

ザ・大陸浪人

宮崎滔天

命もいらぬ金もいらぬ

大陸浪人といわれた一群の日本人がいた。明治以来、太平洋戦争の終結までのおよそ70年間、中国大陸に渡って、そこで一旗揚げて名をなそうとし、アジアにおける理想国家の建設に燃えた人間たちである。

宮崎滔天はその典型的な人間であった。バカともいわれるお人好し、一般の尺度では計りきれない器の持ち主、他人に何と思われようと馬耳東風、天下の一浪人として生涯を全うしている。右翼とか黒幕とかと呼ぶのは本人に失礼、そんな俗世間の名誉や栄達や金のために動いていないのだ。

滔天は、熊本県荒尾市で生まれている。現在、この地に「宮崎兄弟資料館」が開設されて、滔天の足跡を知ることができる。彼は肥後人気質を「ワマカシ」という言葉で表現している。自分がバカになって、人もバカにし、世の中もバカにすることと説明しているが、要するに賢く生きてつまらない人生を送らないのが熊本人といっているのだ。

アジアを西洋列強から解放させるには、中国の興亡がカギを握っているという兄に影響されて、22歳で中国に渡る。生活は赤貧洗うがごとしという貧しさであったが、何度か中国との間を行き来する間に中国革命派と知り合い、孫文が東京にいることを教えられる。

孫文との出会いが、一介の大陸浪人に過ぎなかった滔天を変えた。中国革命に賭けた孫文の情熱と気迫に圧倒された滔天は、日本人同志として生涯を中国革命のために捧げようと決意した。

早速、懇意にしていた黒龍会の内田良平に紹介した。ここに中国革命派と日本の黒龍会、そして頭山満の玄洋社の血盟が成立し、孫文の活動は一段と進むことになった。孫文を日本に残したまま、滔天は黒龍会同志らとともに中国に渡り、革命派の統一工作に乗りだした。

さらに孫文の依頼を受けてフィリピンにも渡り、ここでも革命運動の援助に乗りだした。この時代の滔天は、文字通り一身を顧みない活動ぶりで、中国、香港、フィリピン、ベトナムと、アジア全域を走り回っていた。この間に心ない日本人政治家の裏切りや背信に遭って、苦汁をなめることも度々で、内田良平と殴り合いまでしている。

孫文との連携が深まってくると、内田は孫文の傲慢ともいえる中華意識に嫌気がさしてくるが、滔天は最後まで孫文を見捨てることはなかった。自分の生活をギリギリ犠牲にしてまで中国革命にのめりこんでいった。

1966（昭和41）年、孫文生誕百年を記念する式典が北京では開催された。何人かの日本人が招待されたが、そのなかに滔天の遺児、龍介の姿が見られた。

始末に困る人間は「命も金も名誉、位、肩書きもいらない」人間だと西郷隆盛が語っているが、この宮崎滔天こそ、その言葉に値する人物だ。まず貧乏から人生がスタートしているので金を追うような生活を欲していない。

22歳ではじめて上海に渡ったのはいいが、金がなくなり短期間で帰国している。その後は妻子とも別居生活、志だけを高く、中国の明日に夢を託している。米や味噌を買う金さえないのに、孫文を家に居候《いそうろう》させている。さまざまな雑誌に原稿を書いたりしたが、子供のミルク代にもならなかった。

長男の龍介がこんなことを書いている。「私と弟はひそかに新聞配達を志願した。それが母に知れて、おかゆを食べても中学の月謝は払ってやると、ひどく叱られた」(『人物往来』65年1月号)。孫文は居候している時に滔天の子供たちを見ている。鉄道ごっこをして遊んでいる子供を見て、「革命が成功したらこの子たちに鉄道のことをまかせよう」ともらしたということが伝えられている。

世間からも「ボロ滔天」と酷評され、友人知己も遠ざかっていった。しかし、このボロ滔天は〝本物〟だった。1人、2人と革命戦線から離脱していく日本人が多いなかで、孫文と終生の友情を結んでいる。もし、この時代に宮崎滔天がいなかったら、果たして孫文の革命は成功していただろうか。

（那由他一郎）

1932年―血盟団事件

〝一人一殺〟テロの「血盟団」を組織 恐怖の時代をつくった

〝一人一殺〟と〝一殺多生〟

井上日召

いのうえ・にっしょう●1886年、群馬県で医師の四男として生まれる。本名は昭。一途な任侠心の強い性格だった。専門学校中退の後、中国大陸放浪。帰国後は日蓮宗に帰依して茨城県の立正護国堂に招かれ、農村青年などの指導に当たる。1967年死去。

特権階級への憤り

1932（昭和7）年、後に血盟団事件と呼ばれるテロ事件が勃発、帝都東京を恐怖のるつぼに陥れた。大正末期から昭和にかけての経済不況が続くなか、日本社会全体に何やらきな臭い空気が漂っていたところでの政府要人らへの暗殺事件であった。

2月9日、前大蔵大臣の井上準之助が白昼堂々、演説会場へ向かう途中、ピストルで暗殺された。犯人は農村出身者。当時の貧しい農村の惨状はすべて前政府の責任であると凶行に及んだもので、彼は井上暗殺のために茨城県から上京していた。

前蔵相の暗殺の興奮がまださめやらぬ3月5日、三井財閥の総帥、団琢磨が三井本館の玄関口でテロの凶弾に倒れた。犯人は2人とも同じ6連発ブローニングを使用、犯行の手口も似通っていたので、当局が追及したところ、テロ実行犯の小沼正《しょう》と菱沼五郎はともに、井上日召という人物の指導を受けていたことが判明した。

井上日召を首領とする暗殺計画の全貌は、当時の政治家や財界指導者たちを恐怖のどん底に突き落とすに十分なものだった。井上の実行計画書には20人近くのテロ対象者の名前が書き連ねられていたという。テロ実行者は13名、いつ、どこで、どのような方法で暗殺するか、綿密な方法がメモされていた。

暗殺者リストによると、政治家では犬養毅首相、西園寺公望、牧野伸顕、幣原喜重郎、若槻礼次郎、井上準之助など、財界人では団琢磨のほかに三菱、住友、大倉などの幹部が暗殺対象としてあげられていた。テロリストのなかには戦後、右翼の黒幕として重きをなす四元義隆も東大生という身であったが、名を連ねていた。

この計画がもし、すべて実行されていたなら、その後の日本の歴史は大きく違うものになっていただろう。事件の背景には明治以来の政党や財閥などが私利私欲に走った結果、今日の経済破綻を招いたこと、ことに農村の窮状に打つ手を持たない現状の特権階級に対する憤りがあった。

血盟団事件と前後して、軍事クーデター未遂事件などが頻発するが、井上日召の主張に共感する農村青年や海軍関係の将校は多くいた。しかし、当時の国家改造運動に影響を与えた人物としても、井上は一種特殊なカテゴリーのなかにあったといえる。

この時代の右翼イデオローグとしては、北一輝、大川周明、安岡正篤などがあげられるが、いずれも東京を中心とする軍閥、政府官僚、インテリ階級への影響力を誇るものであった。ところが、井上は、茨城という非中央の農村から発言している。貧しい農民や学生からの声を運動に結びつけた。

血盟団のテロ事件は民衆を搾取、その血税のうえに胡坐《あぐら》をかいていた特権階級には大きな恐怖と不安を与えたが、一般大衆のなかには喝采を送る者も多くいた。小沼、菱沼には、全国の名も知らぬ人たちから多くの減刑嘆願書が裁判所に送られてきたという。

井上には政財界人の暗殺のみを考えて、その後社会をどうするのかという建設案がないと、当時から批判があった。後日、井上はこれらの批判に対して、自分の体を安全な場所に置いて、口先だけで改革のポーズをとるインテリを痛烈にやりこめている。

「破壊のない改造が成就するくらいなら現在のような非日本的国家にまで堕落しなかったでしょう。破壊工事さえ満足にできないのに建設案など口はばったいことはいえた義理じゃない」また、「雑誌を少々出したり、ビラまきくらいをやってすましている右翼はなにをしているのか、われわれは理屈よりも実行だと信じている」

（『日本精神に生きよ』より）

このような井上日召の考え方は、おどろおどろしく「一人一殺」と表現されて伝えられてきたが、本人が実際に使ったスローガンは「一殺多生《いっさつたしょう》」というものだった。

1人の極悪人を退治して多くの国民が生きられる世の中をつくろうとしたのだ。

「一人一殺」は、彼が著書を出版する際に版元が商業政策から勝手に付けたものだ、と彼は述懐している。

（那由他一郎）

1932年―五・一五事件

数々のクーデターに関与した大物理論家の国家改造への情熱

第一級の右翼理論家

大川周明

おおかわ・しゅうめい●1886年、山形県で代々医師の家に生まれる。東京大学印度哲学科を卒業して、東亜経済調査局、満鉄調査部勤務の後、国家改造を唱える大アジア主義の理論家として活動。戦後の東京裁判ではA級戦犯となるが、精神障害をおこし不起訴となる。1957年死去。

イッツ ア コメディー

国家改造を目指した戦前の右翼理論家として、北一輝と双璧をなすイデオローグといえよう。いや、東大でインド哲学を修め、法学博士の肩書きを持ち、東亜経済調査局理事長という要職にあった大川は、北以上の広範な知識を持った思想家と考えてよいだろう。

ただ、北一輝が書いた『日本改造法案大綱』には大きな影響を受けている。その後、2人は親交を結んだり対立したりするが、終生、大川は北の見識を認めていたようだ。古今の宗教思想を研究してきた大川にとって、宗教的生活を実践していた北は、ある種尊敬すべき存在のようであった。

大川も北も活動家としての輝きではなく、さまざまな軍事クーデターの背後にいて、毒を持った言辞で行動を促す黒幕的存在であったともいえる。軍事独裁政権への予兆となった二・二六事件への先導役は、明らかにこの2人が務めている。

大川は、三月事件、十月事件にも深く関与しており、とくに1932（昭和7）年に勃発した五・一五事件では、資金や武器を供与して有罪判決を受けている。それぞれ軍部の足並みはそろわず政権構想も未熟なものであったが、言論を封じ込め、政党政治の崩壊を促進していくという点で意味があり、彼の狙いはここにあったのかもしれない。

大川は太平洋戦争後の東京裁判でA級戦犯として起訴されているが、この法廷で奇矯な行動を取ったことはよく知られている。被告席に水色のパジャマ、下駄履きというスタイルで現れた大川には、しきりに何やらつぶやくなど明らかに異常な態度が見られた。前の席には東条英機がいたが、休廷中に後ろからポカリとその坊主頭をたたいた。その音は静かな法廷中に響いたという。

そのほかにも「イッツ　ア　コメディー（これは茶番劇だ）」と突然に英語で叫んだりと、精神異常と判定されるような態度を取り続けた。大川は裁判から除外され、その後の東大病院の診断で梅毒による精神障害とされた。

それから大川は裁判にもどされることはなく、松沢病院に入院して戦時中から手がけていた「コーラン」の翻訳を完成させている。この方面ではイスラム文化の研究に尽くしたと評価されている。

大川周明は大学卒業後、『列聖伝（歴代天皇記）』という書籍を編纂している。この時に日本史を2年あまりかけて研究している。その結果、アジア復興と日本の国家改造は切り離しては考えられないという結論に達したとされている。

国家改造の根本は日本精神の復興にあり、至高の日本精神とは「清高明朗なる精神」で、それは富士山によって象徴されるものである。偏狭な島国根性ではなくて、すべての外来思想や文化を抱擁したものと定義している。

大川は明治維新の意味や成果を認めつつも、その精神を徹底させるべく第二の維新の必要性を説いた。皇室と国民の間には、黄金と権力が大好きな「黄金大名」ともいうべき者たちが明治末期から内閣に介在していると舌鋒するどく切りこんでいった。これらの主張は現状に不満を持つ青年たちの心をつかんでいった。

国家改造への夢は膨らむばかり、19（大正8）年には満川亀太郎らと猶存社を結成、北一輝を上海から呼び寄せている。三月事件は、このような大川の考えに触発された若者たちのクーデター計画だった。橋本欣五郎を中心とする陸軍桜会と民間側は清水行之助がリーダーとなった。この事件で清水を口説いたのは大川で、陸軍側と大川は計画の足並みはそろっていたといわれている。しかし、軍事政権樹立後の首班と仰いだ宇垣一成が最後に動かず未遂に終わった事件だ。そして32（昭和7）年の五・一五事件へと進む。

五・一五事件の首謀者、三上卓が作詞作曲したと伝えられる『昭和維新の歌』があるが、実はこの歌の文句は大川のつくった『即天行地歌《そくてんぎょうちのうた》』から引用されている部分が多い。大川の青年将校たちへの浸透の深さがうかがえる。

（那由他一郎）

1936年――二・二六事件

二・二六事件の理論的首謀者 〝右翼のカリスマ〟の素顔

「国家改造」のイデオローグ

北一輝

きた・いっき●1883年、新潟県佐渡島に生まれる。早熟秀才の誉れが高い学徒であったが、18歳で右目失明。1906年に『国体論及び純正社会主義』を出版、以後革命運動に身を投じる。23年に発表した『日本改造法案大綱』は青年将校たちのバイブルとなる。37年死去。

『日本改造法案大綱』

自らを「大魔王観音」と称していたといわれる。皇道派将校たちの崇敬を集めていた真崎甚三郎も「あれは魔物だ」といっていた。北一輝については、当時からその神秘性は謎とされていたようだ。革命家、右翼国家主義者といわれていた反面、浪漫主義者であったし、熱心な法華宗信者だった。一部ではフィクサー、事件屋とも呼ばれていた。

佐渡島で酒造業を営む旧家の長男として生まれた北は、旧制中学を飛び級するなど並《なみ》はずれた頭脳を有していた。ところが、18歳の時、右目を失明している。このことが本人の性格にも影を落とすことになるが、義眼をはめこんだ相貌は対面する人間に神秘的威圧感を与えることにもなった。

独学で社会科学や思想を研究した北は、1906（明治39）年に『国体論及び純正社会主義』を出版する。この著作は大きな反響を呼び、宮崎滔天らと知り合うことになる。この宮崎との交流を通して北は、中国革命同盟会に身を投じることになるので、宮崎滔天との出会いは大きな意味を持ったといえよう。上海に渡った北は、革命を目指していた宋教仁らと親交を結び、革命軍の一部として行動するようになる。

中国では、一時退清命令（強制帰国）を受けるなどさまざまな経験をするが、この間に右翼イデオローグとしての自己を開花させていく。北の名声は日本でも高まり、当時、すでに名をなしていた大川周明らの熱心な要請に応じて上海から帰国した北は、国家主義者たちの中核的存在として重きをなすようになる。

帰国後、北は一巻の著作をものにする。深い思索のなかから生まれた『日本改造法案大綱』だ。この書は右翼のカリスマとしての北の評価を一気に高めた。苛酷な断食を強行、国家改造への決意を固めたうえに全身全霊をぶつけた血もしたたるような内容は、右翼陣営に充満していた「維新」への気運を一気に盛り上げた。

一方で、当時の軍内部でも勃興しつつあった国家改造を志向するグループの精神的支柱ともなっていく。後年、二・二六事件で理論的首謀者として処刑された事件の中心人物であった、村中孝次、磯部浅一ら青年将校に大きな影響を与えたからだ。

北と青年将校たちとの間に多少の交流はあったであろうが、北自身は2月26日の決起は聞かされていなかったといわれている。自分がやるならあんなヘマはやらないよ、こう獄中でつぶやいたとも伝えられている。

平安時代の霊能者・空海のように祈りで雨を呼ぶことができる。死者とはいつでも交信している。人類は「神類」に進化していく。北は自分をこのように見立てていた。世情騒然、身辺に国家改造の気運が高まるなかにあって、北一輝は法華経の世界に耽溺していく。

戦後、国会議員を務めた弟の北昤吉《れいきち》は、法華宗の狂信者となった兄一輝を「憑拠的性格」といっていた。もともと浪漫的空想家であったという北は夢想家七分、衝動の人三分の調合物ともいうべき人物で、危なかしくてならなかったともいっている。

北一輝を語るに、戦後の右翼がマネをしたフィクサーとしての一面も見なければならない。それは事件屋といえるぐらいの下品さをたたえている。三井財閥をはじめとする企業や政党からカネを引っ張り出し、お抱えの運転手から数人の女中、書生まで養っていたぜいたくな生活は、二・二六事件で処刑されるまで続いていた。

住んでいた家も、千駄ヶ谷のは船成金の山本唯三郎からタダで提供されたものだった。転居した牛込では、難癖をつけて家賃を支払わなかった。

有名な安田共済生命事件では、大川周明らを出し抜いて、まんまと多額の和解金をせしめている。この一件では弟子とも目されていた清水行之助が北のもとを去っている。また、アナーキスト朴烈《パクヨル》と金子文子の獄中スキャンダル写真を手に入れた北は、それを政争の具に使ってゆすりともいえる行動に出ている。全身から発散される宗教的オーラは、厚顔ぶりやカネに対する執着と矛盾するようであるが、このわかりにくさこそが北一輝の不思議なパワーの根源である。

（那由他一郎）

1936年—二・二六事件

「昭和維新」にやぶれた将校の獄中で残した驚愕の手記

首謀者の青年将校

磯部浅一

いそべ・あさいち●1905年、山口県生まれ。陸軍士官学校を経て陸軍歩兵将校となるが、経理部に転科後、「粛軍に関する意見書」を配布し免官。二・二六事件で決起将校らと行動を共にし、軍法会議で死刑判決。

二・二六事件の首謀者の一人である磯部浅一。磯部は山口県大津郡菱海村（現・長門市）で貧農の長男として生まれた。

頭脳は明晰で、山口市伊勢小路武学養成所から広島陸軍幼年学校を経て陸軍士官学校に入った。さらに、中尉に進んだ後の1932（昭和7）年6月には、陸軍経理学校に入学して主計将校に転じ、翌年には二等主計となり、翌々年には一等主計に昇進している。

磯部はこのまま出世すれば、エリート軍人になれただろう。しかし、時代は昭和恐慌期であった。磯部は自らも貧農の出身であったが、初年兵たちの貧困を目の当たりにして、この世の中を変えなければいけないと思うようになる。

二・二六事件のあと、磯部は獄中で手記を残している。そこには、こう書かれている。

「陛下　なぜもっと民をごらんになりませぬか、日本国民の九割は貧苦にしなびて、おこる元気もないのでありますぞ。

陛下がどうしても菱海の申し条をおききとどけ下さらねばいたし方ございません、菱海は再び陛下側近の賊を討つまでであります、今度こそは宮中にしのび込んでも、陛下の大御前ででも、きっと側近の奸を討ちとります」

貧困農民を救うために立ち上がった青年将校

菱海とは磯部のことである。彼は手記の中で、生まれ故郷の菱海村からとった「菱海入道」と称していた。磯部同様、二・二六事件を起こした青年将校の多くは、地方の出身者で貧しい農民たちの暮らしを間近に見ていた。彼らのクーデターの根っこにあるのは、貧困に苦しむ農家たちの姿だったのだ。

磯部の妻は、貧困ゆえに芸者に身売りされたところを、彼が連隊長に借金してまで、身請けした女性であった。

磯部は北一輝の『日本改造法案大綱』に共感し、北一輝の思想を広める同じ陸軍の先輩である西田税のもとに集い、国家改造による昭和維新を叫ぶ青年将校のリーダー格となった。磯部の思想は陸軍内の皇道派に近く、統制派が陸軍内で主導権を握ると弾圧の対象となった。

磯部は架空のクーデター計画の容疑で検挙される。彼は、それに対して「粛軍に関する意見書」を公表し、幕僚たちの過去の反逆未遂を暴露すると、免官においこまれることになった。

1935年8月12日、相沢事件が起こった。

8月上旬、統制派によって皇道派のリーダー格であり青年将校たちに近い真崎甚三郎教育総監が更迭される。これに対して皇道派の青年将校たちは統制派の中心である永田鉄山軍務局長を排除しなければいけないと考えるようになった。

そして11日、広島県から皇道派の相沢三郎中佐が上京してきた。翌12日、相沢は明治神宮に参拝した後、陸軍省に乗り込み、軍務局長室にいる永田に軍刀で切りつけた。永田は逃げようとするが、相沢は軍刀を背中から突き刺して殺したのだ。

このとき、磯部は西田から相沢の様子がおかしいと聞いて陸軍省に駆け付けたが、すでに事件は起きたあとだった。

相沢事件と磯部は直接関係なかったが、相沢事件後の陸軍省を見た磯部は、「今直ちに省内に二、三人の同志将校が突入したら、陸軍省は完全に制圧できる」という奮い立つ感慨を覚えた。二・二六事件のイメージが湧いた瞬間だった。

1936（昭和11）年2月26日、二・二六事件が起きる。磯部は計画・指揮にあたった。陸相官邸玄関において統制派の片倉衷《ただし》を見かけると銃を一発発射するが、弾は片倉のこめかみを負傷させただけだった。

結局、二・二六事件は昭和天皇の逆鱗に触れ失敗に終わる。磯部も逮捕され、死刑判決を受け刑死した。磯部が残した獄中手記には、裏切られた天皇への恨み、つらみが書き連ねられていた。

（九鬼 淳）

1933年――神兵隊事件

〝日本を想い続けた男〟に壮烈な自決を決断させたもの

かげやま・まさはる●1910年、愛知県に生まれる。国学院大学に入学後、内田良平が主宰する大日本生産党に入党。33年神兵隊事件に連座、39年大東塾を創設する。戦後55年に東京・青梅に大東塾農場を開く一方、不二歌道会を主宰する。79年元号法制化を願いつつ自決する。

「大東塾」創設の歌人

影山正治

割腹で閉めた人生

69年の激動を生き抜いた影山正治には、死後編纂された全32巻に及ぶ『影山正治全集』がある。これだけの著作が編める人物は本業の作家にも少ない。歌人としてあるいは国学者としても知られる影山だが、彼の本意は国士として生きることだった。それだけに、その創作活動への馬力には驚かされる。

全集には創作小説、短歌、講演記録など、生涯を飾るすべての作品表現が収められているが、戦前、参陽新報社に寄稿していた『東京通信』のなかに心を打つ文章がある。岡田啓介内閣時、二・二六事件が勃発する頃に書かれた文章だ。「日本を想う。深く厚く切々と日本を想う。日本を想はずには居られない。建武中興の渦中に北畠親房が日本を想うた。日本生命の核心を想い想うた。…」というように連綿と当時の影山の心情がつづられている。

そして、私の頭は一挙に戦後、１９７９（昭和54）年に手塩にかけた大東塾農場での割腹自殺へと飛ぶ。影山の想い想うた日本への心は、かくも長い期間にわたって彼の脳裏を支配していたのか。そうだとすれば、こんなに痛ましいことはないのではないか。死に場所を求めて生きていた、そんな右翼人にはよく使われるフレーズがやはり浮かんでくる。

強大なマグマを心のなかに包みかくしたまま、影山は右翼人生を歩みはじめる。33（昭和８）年の神兵隊事件は未遂に終わった。現職総理や重臣を殺害して国会を占拠するという計画は頓挫、日米開戦の年に起こした七・五事件も失敗した。35（昭和10）年には陸軍に召集されて、中国戦線に送られた。

この陸軍召集は軍当局の影山に対するいやがらせで、戦地では数々の脅しや、いやがらせにあっている。

結局、終戦まで戦役についていた影山は、いわゆる「十四烈士自刃」を知らずに戦後を迎えた。この事件は終戦直後の45年8月25日、影山の留守を預かっていた父親と塾生13人が敗戦をわびるかたちで、代々木練兵場で集団自決をしたという事件である。死して魂を留め置く大東塾の教義にも参加できなかったのだ。

影山正治の昭和維新「さきがけの功」は終わってはいなかった。影山は右翼陣営のなかでは異色であった。岸内閣の60年安保改定には反対の立場をとり、防衛維新の必要性を唱えた。防衛とはその根底において「魂の問題である」と主張する影山には、外国に依存する防衛など考えられなかった。

戦前の「軍人勅諭」は戦後、タブーとされたが、防衛大学校では断固採用し、その研究は進めるべきとの持論を展開した。自衛隊の完全独立、自分の国は自分で守るものだという意見は、アメリカナイズされた右翼のなかでは主流ではなかった。

さらに影山の主張は元号の法制化に傾いた。元号は、天皇が国家という空間のみならず時間までも支配しようとするものだという奇妙な意見が左翼陣営にはあった。

元号は文化である。何を間違ったことを――と影山は噛み付いた。

福田内閣の時、元号法制化が政治課題となった。政府は国体に関する重要問題なので、もし法案が流れるようなことがあってはと、慎重な態度をとり続けた。歌人、国学者として容認ならないことであった。影山は自決するしかなかったのか、あと少しの間が待てなかった。元号法案は次の大平内閣で成立しているのだ。

「一死以て元号法制化の実現を熱祷しまつる」との遺書を残して、割腹した後に散弾銃で自らの命を絶った。79（昭和54）年5月25日、大東塾農場内の神社境内でたった1人、死に赴いた。大東塾の仲間が集団自決した終戦の年から34年が経っていた。ようやく見つけた死に場所だったのだろうか。

この日は、建武3年、楠木正成が兵庫県の湊川決戦で朝敵足利勢と戦って敗死した日であったという。影山は黙して語っていないが、あえてこの日を選んで自決したのではないかと想像されている。影山の装束は白、黒紋付と紺ばかまの正装で、血塗りの白鞘の短刀が手ぬぐいの上に置かれていた。

（那由他一郎）

1945年――終戦詔書を草案

「官僚右翼」といわれた指南役 戦後政界の陰に潜んだ〝怪人〟

歴代総理の〝老師〟

安岡正篤

やすおか・まさひろ●1898年、大阪府に生まれる。東大法学部卒業後、文部省入省。その後、東洋思想研究所、金鶏学院を設立。当時の軍部、革新閣僚、華族などに多くの心酔者を得る。戦後は全国師友協会を組織するが、歴代総理の指南役として知られる。83年死去。

「平成」の名づけ親

〝東洋学の泰斗〟といわれ、歴代総理の指南役として戦後政界のベールのなかで生きてきた安岡正篤の実像については、知られていないことが多い。戦前戦後を通じて軍閥や政界ににらみをきかせてきたことは、関係者なら誰もが認める事実である。

しかし、書き残した著作は今でもロングセラーとなっているし、戦前に金鶏学院や日本農士学校を創立した教育者でもあるので、一般には学者のように思われている。表面だけを眺めていれば、とても右翼人とは見えない。

安岡は1922（大正11）年に東京帝国大学法学部を卒業、文部省に入省しているが、すぐ退官、東洋思想研究所を設立している。東大時代に天才ともいわれた学識に彼をサポートする一群があったといわれている。27（昭和2）年に金鶏学院を創立、多くの人材に東洋思想を教えている。

安岡の教える内容が国家主義や革命思想に関係したり、北一輝や大川周明らと親交があったといわれるが、彼自身が直接行動を起こしたという記録はない。しかし、血盟団事件には金鶏学院の関係者が多く連座、逮捕されている。また、後の五・一五事件や二・二六事件に関与した者もいた。

彼の右翼人としての関わりはこの程度で、大東亜省顧問として政府内に入ったのを皮切りに、戦後は前述のような総理指南役を続けていた。20歳も年上の吉田茂から〝老師〟と呼ばれるほどの信頼を得たり、池田勇人の派閥を「宏池会」と命名したり、あるいは昭和の後の元号を「平成」としたなどと伝えられている。

かつて久野収（思想学者）は、このような安岡を評して「官僚右翼」と呼んでいた。明治時代に天皇の信頼を得て、教育勅語をつくった元《もと》田《だ》永孚《ながざね》に匹敵、黒幕といえばこれほどの黒幕はいないという。政府や官庁に誰も知らないような東洋の古い学問や理論を持ちこみ、リーダーたちに横断的影響を与えてきたという。

　戦前、安岡の同級生といえば、まだ地方の参事官あたりの地位をウロウロしていた。そんな時、今日は東京からえらいお方がお見えになるので粗相のないようにと、知事からいわれた。堂々あたりを払って入ってきた人物は、東大同級の安岡ではないか、という話がよくあったそうだ。

　とにかく、30歳ぐらいにして地方の県知事なんかを下に見ていた。間違いなく時代の天才かカリスマだった。不思議なオーラを発する〝怪〟のつく人物だった。

　いつしか重要法案や外交文書は安岡の目を通さなければならないという習わしが定着していった。海外の要人と接する時の態度はどうあるべきか、あいさつの言葉は？　そういうことを吉田、岸、池田、佐藤、田中、福田、大平…と、歴代総理に説いてきたという意味で官僚右翼といわれているのだ。

　田中角栄の中国訪問についてのバカさ加減には怒っていたが、沖縄返還交渉を進めるにあたって首相就任前の佐藤栄作とケネディ会談を成功させるシナリオを指南したと伝えられている。沖縄を佐藤時代の政治成果として決断させたのも安岡だったという。

このように現代史の陰に潜む人物である安岡であるが、特筆されるべきは「終戦詔書」であろうか。45（昭和20）年8月14日、閣議で終戦の詔書原案の審議がはじまった。日本が有史以来、初めて国として経験する敗戦である。この詔書いかんによっては、日本人がどう動くか、予測のつかない国家の命運がかかっている。

与えられた時間はない。どんな字句を並べ、どんな表現にするものか、前例となる文書もない。閣内の意見はバラバラである。文書をつくる「天皇（絶対者）」が必要であった。安岡正篤の登場となった。

「朕深く世界の大勢と帝国の現状とに鑑み非常の措置を以て時局を収拾せむと欲し茲に忠良なる爾臣民に告ぐ…」とはじまるものだ。

国家としての威厳を保ちつつも、負けたといわなければならない困難と矛盾をどう折り合わせるか、安岡にしか文書にできない。

これにより、安岡の発言と存在は戦前にもまして大きくなっていくのだった。

（那由他一郎）

1945年——A級戦犯志願

「競艇界のドン」の顔と「反共右翼活動家」としての顔

笹川良一

ささがわ・りょういち●1899年、大阪に生まれる。戦前、大衆右翼組織である「国粋大衆党」の総裁を務める。自ら飛行機を購入、イタリアに渡ってムッソリーニと会見する。戦後は競艇事業に乗り出し、その資金力で内外の福祉事業に貢献した。95年死去。

「実業家の顔」と「反共右翼の顔」

「桁はずれの男だ」

一般の男にとって欲しいものといえば、金と女。そして人前でいい格好がしたい。これがごく普通の男の願望であろう。そのために多くの男たちはいい学校に入り、一流企業に勤めたいと望み、時にはギャンブルに手を染めたり、バーやクラブに顔を出す。こういうことの標準値をはるかに超えたレベルでやり遂げた男、それが笹川良一である。

生前、自らテレビコマーシャルに出て「お父さんお母さんを大切にしよう」とか「戸締まり用心、火の用心」とか唱和していた。一体、何のためにといぶかるようなことに、何千万円、何億円という金を使っていた。

彼の臆面もない行動を笑ったり、皮肉る文化人はいたが、まず正面きったケンカを挑む人間はいなかった。彼は日本の治外法権、タブーであった。思想、信条を言い合う前に、人間として有するパワーの単位が違うのだ。

ノーベル賞作家、川端康成とは同郷同学年である。その川端が文章にできない男だと驚いていた。「あの笹川は桁はずれの男だ。あの男の徳の高さは底知れぬ学問の力がないと書けない。彼を書ききれる人間はおそらく出てこないだろう」。

もちろん、このノーベル賞作家に笹川に関する文章はない。

1969（昭和44）年11月、沖縄返還交渉のため、佐藤栄作総理が訪米しようとした日、公安筋から笹川のもとに過激派集団の襲撃目標になっているとの連絡が入った。笹川は警視庁の警備を断り、自前の私兵で迎え撃つことにした。彼の私兵とは、武道関係と彼が関係する宗教団体の学生である。

「諸君、ハラが減っては戦さはでけん。まずハラ一杯めしを食っていただきたい」。戦国武将が合戦を前に陣をしいたような雰囲気だった。私はこの場にいたが、彼は遠足の日の子供のように楽しげな様子だったのを思い出す。

「もし、連中がここに近づいたら、このビルの中に入れなさい。日頃鍛えた空手の腕前を私の前で見せてください。後のことはすべて笹川にまかせておきなさい」。

この言葉で学生たちは奮い立った。

笹川は大阪府豊川村の資産家の家に生まれ、父親が亡くなった時に相当の遺産がころがりこんだ。彼はこの金をすべて相場につぎこみ、26～27歳で現在の金額にして30億円ぐらいの資産を有していたという。大阪で自家用車のオーナーが50人ぐらいという頃、すでに飛び切りの高級車を乗り回していた。

31（昭和6）年に右翼団体「国粋大衆党」を組織して総裁になっているが、たちまち党員数1万5000人という大組織になっている。飛行機を20機所有していたとかで、本人自ら自家用専用機でローマまで飛び、ムッソリーニに会いに行っている。一右翼団体の代表が、ヨーロッパを席捲していた政治家に直接会いに行ったのだ。

こんな桁はずれの男は戦後も黙ってはいない。戦犯リストにあげられたらA級を志願、法廷でアメリカに言いたいことを言うのだと意気軒昂。巣鴨プリズンに向かう時は軍艦マーチを奏でてキンキラトラックで行進したと伝説になっている。

そして、笹川は収監中に差し入れられたアメリカの『ライフ』誌を見てモーターボート事業を思いつく。こうして戦後も競艇事業のドンとして見事に復活、その莫大なテラ銭のあがりで政財界に睨みをきかす。

反共右翼の顔としては、原理運動への並々ならぬ打ちこみで証明された。原理運動とは、韓国人、文鮮明が創設した世界基督教統一神霊教会（統一教会）という宗教団体の運動で、反共産主義活動の一方の砦ともなっている。

彼がこの運動のスポンサー、推進者となったのは、彼らの純粋な信念に基づいた行動に感動したからといわれている。行動的な新しい宗教を育てることで、共産主義と対決できると考えたのだ。67（昭和42）年、文鮮明が来日した時は、アジア反共連盟結成準備会を開催している。後にこの時の集会が発展して、国際勝共《しょうきょう》連合となっている。名誉会長に笹川良一、その後、統一教会名誉会長も務めた久保木修己が会長職に就いている。

（那由他一郎）

1952年―東風会結成

左翼に勝てる理論を持った博覧強記の〝理論右翼〟

〝異端の右翼〟

津久井龍雄

つくい・たつお●1901年、栃木県の商家に生まれる。早大英文科中退。右翼思想家高畠素之の門下に入り大衆社に加盟する。その後赤尾敏と建国会創立、書記長兼機関誌発行人となる。NHK論説委員などを務め、一時実践運動から遠ざかる。89年死去。

戦後右翼に喝！

戦後強くなったものは、女と靴下。では弱くなったものは、男と○○、この空欄には「右翼」と書き入れてもいいだろう。戦前から日本の右翼運動を見つめてきた津久井龍雄は、このことをはっきり認めていた。

皇道主義だとか、国家改造運動だとか、百家争鳴さかんな活動を展開した右翼運動は、太平洋戦争が敗北した時に、ご破算になったという。戦前の右翼は、時の政権や政局を左右するだけの巨大な力を持っていた。

それが戦後になると、GHQによる公職追放や右翼団体の解体、運動資金パイプの崩壊などで右翼の力は一気に弱体化した。政局を動かす力どころか、飲まず食わず自分たちが生きていくことだけで精一杯という悲惨な状況になった。

津久井は、1945（昭和20）年8月15日の敗戦を群馬県の疎開先で迎えている。終戦の天皇詔書を耳にしたことを自書『異端の右翼』のなかでこのように記している。

「聞いているうちに涙がでてきた。それはどういう涙だったのだろうか。一緒にそれを聞いている妻やその家の人たちの姿を見て、私はひどくみじめな気持ちになり、つとその場を去って外へでた」

さらりと自分のことを振り返っているだけであるが、みじめな気持ちになったというくだりに、右翼人としての心情が伝わってくる。

東京にもどってきた津久井の目に映る日本は、やはり大きな違和感を抱かせるものだった。占領軍のいいなりで新しい国づくりがはじめられていく状況をすべて良しとはいえなかったのだろう。次々断行されていく改革という名の日本人の精神をないがしろにした制度変化にも、このままでいいのか、という疑問があった。

敗戦を食いものにして私腹をこやす一部の政治家や役人、資本家、言論人に対して、彼の言葉でいうと、「化け物退治」をしなければならないと思った。戦争を食いものにした奴も憎いが、敗戦を食いものにした奴はなおさら憎いというのだ。

これら「敗戦ボス」を駆除して、アメリカの隷属下から自立した日本を建設するためには強大な運動体が必要と考えた津久井は、右翼団体の結集を呼びかけた。戦前も行動派右翼として実践に立たなかった津久井が自ら先頭に立って「東風会」を結成、右翼勢力の大同団結を呼びかけた。

52（昭和27）年、上野で行った結集大会には、大川周明、赤尾敏をはじめ名だたる面々が集まった。しかし、すでに「敗戦ボス」に堕した右翼人も多く、この運動は2年で崩壊する。一人一党が基本ともいえる右翼運動に大同団結など無理であったのか、津久井の失望は決して小さくはなかった。

津久井は、一人で戦っても左翼の理論には絶対に負けないという自信を持っていた。インターナショナルなんていって力んでいるうちはいいが、いざ革命が成り立つと、どこの国もナショナリズムから離れられていない。ナショナリズムが捨てきれないから、中ソ対立も起き、多民族をかかえた国家では内部対立も起こる。

共産主義、何ら恐るるにたらずと意気軒昂な津久井だった。右翼勢力の結集がままならないと知った津久井は、雑誌への寄稿、ラジオ討論会などマスコミを通じての活動を積極的に展開する。

55（昭和30）年、津久井にとって、というより右翼陣営にとって画期的な出来事が起こる。右翼人としては戦後初めて、共産中国を視察したのだ。仲間のうちでは「捕虜になって帰れなくなるぞ」と真剣に心配する声もある訪中だった。津久井はその時の感情を次のような言葉で語っている。

「私は共産主義反対の立場で活動を続けてきたが、共産主義の実際に接したことはない。中国にいけば私は共産主義のホヤホヤを目にすることができる。その意味で興奮と関心を覚えた」

中国に毛沢東政権ができて6年しか経っていない頃である。この時代に中国を視察してこようという感覚を持った津久井は、やはり凡百の右翼とは一味違った人物である。

（那由他一郎）

1948年―昭和電工疑獄事件

〝無謬《むびゅう》の黒幕〟といわれた男の戦後政界への絶大な影響力

戦後裏面史を知る〝室町将軍〟

三浦義一

みうら・ぎいち●1898年、大分県に生まれる。早大予科卒業後、北原白秋門下で短歌を学ぶ。その後軍人や政治家との交流がはじまり、国家主義運動に傾倒していく。戦後はGHQ内部のG2と深い関係を持ち、自由党上層部とつながっていく。

東条英機を〝売る〟

戦後多くの日本人が呆然としているなかで、いち早く右翼人として活動した人物に三浦義一がいる。「無謬の黒幕」などと呼ばれて、政財界への影響力を誇っただけに虚実取り混ぜて多くの伝説も生まれている。

その代表的なひとつに「東条英機の引き渡し」伝説がある。東条は太平洋戦争を引き起こした日本の独裁者として世界に知られていただけに、海外マスコミに一番多く登場した日本人でもあった。もっとも、現在の金正恩のように悪者として扱われていたらしい。

そこで三浦が提案した終戦工作が、東条を説得してアメリカに連れていくことだった。ホワイトハウスで切腹させ、介錯は三浦がやるという奇想天外なものであった。いかにも三浦なら発想しそうなもので、同郷の仲で親しくしていた陸軍大臣阿《あ》南惟幾《なみこれちか》に持ちかけたといわれている。

このような話が伝えられていくのは、三浦がそれだけ陸軍内にもパイプがあり、大物右翼として力量があったからであろう。生前に田中角栄が「良いことも悪いこともみんな田中がやったといわれる」とこぼしていたように、実力者というものは、あることないこと押し付けられていく宿命にあるのだろう。

三浦が大物右翼として名をなしていく背景には、父親数平が大分市長や衆議院議員を務めていて政界や軍首脳部と交流があったからといわれる。東条英機とも親しい間柄だったから、あのようなこともあったのではないかと、人々の間に伝わっていったのだろう。

戦後すぐには三浦自身も戦犯容疑で身柄を拘束されるが、病気を理由にすぐ釈放されている。1948（昭和23）年には昭電疑獄が政界中枢を襲う。この事件が三浦の発言力を大きくしたといわれている。

昭電疑獄の背景には、GHQの内部対立がからんでいて、民主化政策を進めようとするGS（民政局）と保守的政策をとるG2（参謀部）の間での暗闘があった。GS次長のケーディスのスキャンダルをG2が暴くというようなことがあった。

三浦は自由党に接近するG2側に立ち、GSの実力者ケーディス一派を蹴落とすために全力で戦ったという。これを機にGHQの占領政策は、社会党を含む中道路線から自由党の保守路線に変わったといわれている。G2内に情報網を持ち、多くのシンパを有した三浦は、当時の吉田内閣の黒幕として隠然たる存在感を示すようになった。

三浦は東京の日本橋室町の三井ビル内に事務所を構えていたので、マスコミ関係者などの間で「室町将軍」と呼ばれるようになる。平家物語に出てくる木曽義仲のような荒武者ぶりがそのように呼ばせたというが、本人も木曽義仲を崇拝していた。

とにかく、〝将軍〟の全盛時代は門前市をなすごとく5分刻みに訪問客が訪れたという。頼みごとをすれば、その場で相手に電話を入れた。「うるさい、黙っていうことをきいておけ！」と怒鳴った相手は、自民党幹事長というような具合だったという。

電話魔であったようで、経済評論家の三鬼陽之助がいっていたが、電話の相手に大蔵大臣の一万田尚登《いちまだひさと》がよく登場した。一万田は日銀総裁から蔵相になり、「法王」といわれた実力者だったが、三浦とは同郷、親戚関係だった。

「万ちゃん、今日はまた何の用件だい！」と、いとも簡単に応答する。この軽い受け答えが訪問客には畏敬の念をもって見られたようである。これらは時の権力者たちとの親交を自慢げにしているようで、三鬼はどうも好きにはなれなかったという。しかし、実際に三浦は一万田の裏方をやっていたそうで、一万田自身が晩年に「三浦さんのような人がいて随分助かった」と三鬼に話していたという。

三浦の晩年はちょっぴり悲しい。親友だったという、やはり同郷の作家・林房雄がこんな三浦を紹介している。三浦は3冊の歌集以外に何も残していない。それでは残念だと林は自伝の出版をすすめた。三浦は涙を流しながら、こんなことをいった。「オレのやったことで書き残すに値するようなことはひとつもない。恥多き人生、つまらん一生だった」。

林が初めて見る三浦の涙だった。


（那由他一郎）

1951年――大日本愛国党を設立
スローガンは「親米・反ソ」街宣にこだわった数寄屋橋の硬骨漢

あかお・びん●1899年、愛知県に生まれる。愛知県立三中中退後、農民組合などを結成、社会主義運動に従事。1925年頃から国家主義に転向、26年に「建国祭」を挙行して注目をあび、同年、建国会を結成。戦後は大日本愛国党を組織する。90年没。

不滅の反共将軍
赤尾 敏

数寄屋橋の反骨右翼

一般には、右翼といえば赤尾敏と、すぐに答えが返ってくるほど、右翼人としては有名な存在であった。東京・銀座の数寄屋橋《すきやはし》に行けば、トラックを仕立てて毎日のように時局演説を繰り返していた。親米反ソのがなり声は、「東京バナナ」よりも東京名物であった。実際、赤尾の一言をいなかに持ち帰って政局をぶっていた人を知っている。

この赤尾も、青年時代は一時社会主義運動に傾いた時期があった。しかし、同志の裏切りなどにあって早々に転向している。その後、何をすればいいか、赤尾はとっぴなことを考えつく。

労働者の祭り、デモンストレーションにメーデーがある。もっと国民的な祭りはないかと、「建国祭」を思いついたのだ。資本家や評判のよくない商店に、祭りにことよせて遠慮なく神輿をぶつける。これは愉快だ。暴れ神輿《みこし》。階級闘争ではなく、神の名による制裁だ。

1926（大正15）年、赤尾は早速、趣意書をつくって上京した。在京の有名人、有力者をまわって300人の発起人を集めた。そのなかには、荒木貞夫陸軍大将、頭山満のほか、東大総長、東京市長、警視総監など名だたる人物がいた。

当時の東京市長を委員長とした第1回建国祭は、会場となった皇居前広場に3万人、全国で10万人以上の人が集まった。10万個を用意したバッジはたちまち売り切れた。当時、赤尾敏の名前など誰も知らなかったが、この大成功でたちまち、その名が知られるようになった。

右翼として鮮烈なデビューを果たしたといえるだろう。

その後、憲法学の権威だった上杉慎吉博士を会長に、マルクスを日本で最初に翻訳した高畠素之を準備委員に「建国会」を結成、理事長となっている。この時に津久井龍雄が書記長として参加、機関誌の編集責任者となっている。

メンバーを見ればわかるように建国会は、単なる右翼団体ではなく、社会主義思想も加味した理論的にはしっかりした団体だった。高畠は堺利彦門下でもあったので、国家主義団体のなかでも最初に「国家社会主義」を標榜したという。

赤尾敏が数寄屋橋で時局演説をはじめたのは1964年頃からだという。51年に設立した大日本愛国党の総裁として、雨の日も風の日も街宣車の上に立った。足腰が弱って立てなくなると椅子に座るようになったが、思想信条はさておいて彼の信念には一目置かざるをえない。

赤尾の信念を支えたものは一体何であったのだろうか。それは戦後台頭しつつあった左翼勢力に対する警戒心が一番のものだった。街宣車には、いつも日の丸と並んで星条旗が翻っていたが、一部にはこの星条旗はよくないという意見があった。

これに対して彼は、そういう批判は「右翼小児病」だと一蹴した。右翼の立場としては、反米反ソが正論かもしれないが、現実の国体を維持するためには両方を敵にはできない。対米一辺倒、対米追従という批判は左翼の策謀だと主張していた。また、50年から70年代にかけてマスコミに後押しされた左翼勢力が圧倒的に強い時代が続いた。そのために街宣運動から星条旗を降ろすことは、左翼に対して一歩後退することになるともいっていた。

さらに赤尾は児玉誉士夫や笹川良一に代表されるリッチな右翼にくらべて、清貧のイメージがつきまとう。大企業のガードマンをやったり、債権取立てをやっているのでは天が許さない。財界や自民党から嫌われるようでないと維新運動はできないともいっていたが、その言葉そのままに汚い金は受け取らないという活動を続けていたといわれている。

若者たちをひきつけていた新左翼の連中は、ラーメンをすすり、左右違う運動靴を履いていたりする。ぎりぎりのところで運動している。それにくらべて右翼の堕落ぶりはどうだ。貧しくならないと左翼に負けるぞという信号を送っているようでもあった。「自民党は腐っとる。○○は与太者《よたもの》だっ！　××なんかクソ馬鹿野郎だっ！」返す刀で、「○○党なんか皆解散だ！」赤尾の怒りは死の前日まで続いた。（那由他一郎）

1960年—日米安保争乱

「戦後最大の黒幕」とよばれた男の〝右翼としての顔〟とは

戦後最大のフィクサー

児玉誉士夫

こだま・よしお●1911年、福島県に生まれる。10代なかばで単身上京、赤尾敏の建国会に入って右翼開眼。その後クーデター未遂事件を起こす。戦後A級戦犯となるが、自由党設立に資金提供などして政界に食い込み、黒幕として暗躍する。84年死去。

〝超〟黒幕の誕生

経済評論の第一線で健筆を振るった三鬼陽之助が、何かのおりに児玉誉士夫にすごまれたと、こんなことをいっている。「三鬼君なあ、政治でも経済でも君なんかの書いていているようなものは、一部では事実ではあるんだけど、裏にはもっと大きな事実が隠されているんだよ」とささやいたそうだ。

ほんのつぶやきのように聞こえたが、経済雑誌を発行する者として、ぞっとしたそうだ。もちろん、児玉はそれ以上は語らないが、彼がこの日本の政治経済の裏面で糸を引いていることは、その世界の人間なら十分認識していたことであった。ジャーナリストとしての自らの力量不足を嘆くとともに、この社会にはとてつもない闇が横たわっているのだということが感じられたそうだ。

児玉は戦前から右翼テロリストとして名は知られていたが、戦後の巨大さを想像させるような大物ではなかった。しかし、中国に渡って、海軍の委託をうけて物資の調達に当たるようになって、資金を蓄えるという面で才能が開花したようだ。

戦後、鳩山一郎が総理になれたのは、児玉が提供した莫大な資金があったおかげというのはよく知られた話である。現在の金で１５０億円ともいう金を寄付したという。一部では児玉のホラともいうが、その後の自由党への影響力を見ると、一概にホラとはいいきれない。戦後ＧＨＱに食いこみ、国際興業を起こして、やはり黒幕といわれた小佐野賢治が「先生」と呼ぶ唯一の人物が、この児玉だという事実を知れば、さらに児玉の大きさが実感できるのではないだろうか。

戦後の児玉に関しては、この大きさ、つまり日本の黒幕としての役割が強調される。児玉は、政界にも財界にも、そしてＣＩＡを通じてアメリカにも広範なネットワークを持ち、その情報網のなかで依頼事や揉め事を処理できる最高度の技術を持った人物だった。

むろん、世間はきれい事ばかりではない。時には暴力装置が必要になることもある。そのようなケースにも対応できるグループを有している。ヤクザや暴力団といわれる組織へも顔がきいたのだ。いや、これこそが児玉を児玉たらしめていた最大のものかもしれない。

このような組織技術を持った児玉にはクライアントとして政治家、経済人が群がった。あるひとつの事件が起きると、児玉が一方の当事者になる。相手の敵対する当事者には児玉に親しい某がつく。児玉と某は表に顔を見せることはない。裏方同士で話を決めてしまう。こういう芸当ができる日本一の腕を持っていた。

戦前に児玉の名前を高らしめたふたつの事件がある。ひとつは井上準之助蔵相に、国内経済を混乱させた責任をとれと脅迫状とともに切腹用の短刀を送りつけたことだ。井上は１９３２（昭和７）年、血盟団のテロにあって殺されているが、児玉はその先鞭となる事件を起こしたのだ。

もうひとつは頭山秀三らの天行会グループと共謀して起こしたクーデター未遂事件だ。計画は発電所を襲って東京を暗黒空間にして、軍当局に戒厳令を出させて、クーデターを決行しようとしたものだ。

アジトで手榴弾が暴発したことから、計画は頓挫してしまい、児玉は短銃自殺を図った。一命はとりとめたが、彼は実刑判決を受ける。

このふたつの事件は、国家改造を叫ぶ革新派右翼のなかで「児玉誉士夫、ここにあり」と名乗りを上げたような鮮烈な印象を与えた。

戦後、60年安保改定を前に岸内閣は窮地に陥っていた。国会周辺は学生、労働者の大規模デモが連日押しかけ、社会は騒然として革命前夜の様相を呈していた。

社会主義革命への危機感を募らせた右翼陣営は、児玉を頼った。児玉は見事にこの期待に応えた。一人一党、バラバラの主張を唱える右翼陣営を1本にまとめたのだ。左翼勢力に備えて、武力闘争も辞さないと右翼の気迫を見せつけた。

その後は、右翼世界の一方の雄、三浦義一が亡くなり、より児玉の双肩に右翼陣営の期待が集まっていった。

（那由他一郎）

1960年―浅沼稲次郎刺殺事件

一撃必殺を遂げた若きテロリスト

元愛国党の若き志士

山口二矢

やまぐち・おとや●1943年、東京生まれ。16歳で大日本愛国党に入党。右翼活動に従事。大東文化大学の聴講生のとき、政党代表放送で演説中の日本社会党の党首浅沼稲次郎を刺殺。逮捕され東京少年鑑別所内で自害した。

「坊やがよくやったもんだ。偉いもんだ」

と大日本愛国党総裁の赤尾敏は、浅沼稲次郎社会党委員長を刺殺した山口二矢を、こう褒めたといわれている。

1960年10月12日、山口二矢は日比谷公会堂で浅沼稲次郎を刺殺した。この日は、日本史上初の自民党、社会党、民社党の党首による立会演説会であった。

立会演説会は1989年にNHKの会長になる島桂次が仕掛けたものといわれている。政見放送であり、多くの人々を集めてNHKの宣伝に使おうとしていた。会場に詰め掛けた人々は2500人を超えた。

演説会の目玉は、「演説百姓（※）」と好感を込めて揶揄された社会党の浅沼稲次郎であった。浅沼の演説はいつでも大衆を魅了した。

浅沼が演説を始めて5分ぐらいたったときだ。一人の男性が演壇に駆け上がり、刃渡り33センチの短刀で浅沼の胸を2度突き刺した。浅沼は側近に抱き抱えられたが、ほぼ即死の状態だった。

左翼教師に封殺された愛国の言葉

このテロを起こしたのが、赤尾が褒めた山口である。山口は短い間、愛国党に入党している。

「日本は革命前夜である。青年は今すぐ左翼と対決しなければならない」

と激しく訴える愛国党総裁、赤尾の演説に感銘して、16歳のときに入った。山口は中学時代、左翼教師に拒否された経験を持つ。山口の父親は自衛官であり、山口が国を守る必要性や自衛隊を肯定する発言をすると、左翼教師は山口の意見を強制的に封殺した。山口は左翼教師に対する憎悪が積もっていった。

山口が愛国党にいたのは1年にも満たない。愛国党で山口は肉体派として、赤尾を守る役目を自ら任じていた。赤尾にヤジを飛ばすものがいると飛びかかっていった。赤尾の演説会のビラ貼りをしているときに、警官に職務尋問を受けて、カッとなった山口は乱闘を引き起こしている。

愛国党の入党半年で、10回も検挙された。

山口は浅沼刺殺を引き起こす5カ月前に愛国党を脱退している。脱退した理由は、左翼の指導者を殺《あや》めるためであった。山口は浅沼を刺殺した後、捕まった警察署で、以下のように供述している。

「左翼指導者を倒せば左翼勢力をすぐ阻止できるとは考えないが、彼らが現在までやってきた罪悪は許すことはできないし、1人を倒すことで、今後左翼指導者の行動が制限され、扇動者の甘言に付和雷同している一般の国民が、1人でも多く覚醒してくれればよいと思った。

できれば信頼できる同志と決行したいと考えたが、自分の決意を打ち明けられる人はいず、赤尾先生に言えば阻止されるのは明らかであり、私がやれば党に迷惑がかかる。私は脱党して武器を手に入れ決行しようと思いました」

山口は浅沼の前には、日教組委員長の小林武や、日本共産党中央委員会議長の野坂参三を殺そうとしたが、タイミングがつかめず、実施することができなかった。

浅沼が参加する演説会を、山口は当日知った。聴衆を多く集めようとした演説会だったために警備は手薄だった。

短刀を持っていた山口も、難なく会場に入ることができた。そしてテロに及んだのだ。

事件後、山口は取り調べで、「後悔はしていないが償いはする」と冷静に語っている。東京少年鑑別所に送致された山口は、歯磨き粉で壁に「七生報国　天皇陛下万才」を記し、首を吊り、17歳の短い生涯を閉じた。

※不適切用語ではあるが、実際、浅沼が呼ばれた言葉なので掲載。

（九鬼 淳）

1970年―自衛隊クーデター未遂事件

信念か？ 美学か？ 大作家が死を賭して訴えたかったこと

みしま・ゆきお●1925年、東京に生まれる。本名は平岡公威。学習院から東大法学部に。一時、大蔵省に勤めるが、以後作家として独立。70年11月25日、三島が主宰する「楯の会」同志らと自衛隊市ヶ谷駐屯地でクーデター未遂事件を起こし、自害した。

武士道と軍国主義

三島由紀夫

すべてが「死」に向かった

陸上自衛隊東部方面総監部は市ヶ谷台の上に置かれていた。世界的評価を受けていた有名作家、三島由紀夫が1970（昭和45）年晩秋、同志らとここを訪問、クーデターの呼びかけに失敗するや自害して果てた。

狂気あるいは錯乱と評されたこの事件は、三島由紀夫という人物への一般的見方を大きく転換させた。つまり、彼はあくまで作家であり、彼が描いた「二・二六事件」や「防衛」や「天皇」は、彼の文学的テーマである。あるいはこの作家の余技、戯《ざ》れ言《ごと》と理解されていた。著名作家の驚天動地の自殺、それも古式にのっとった切腹というショックに世界中が沸いた。しかし、自衛隊を舞台に挙行されたクーデター未遂事件であったということで、誰よりも驚いたのは政府関係者であったろう。時の政府関係者はことさら平穏を装った。

実際は突きつけられた刃に言葉を失っていたのだ。総理大臣佐藤栄作のコメントは「彼は気が狂ったのか」というもので、防衛庁長官の中曽根康弘は「暴力は糾弾すべし。自衛隊に動揺はない」と言ったと報道されている。

この時代、日本は高度成長まっただ中。政府は左翼過激派対策だけを考えておけばいいと、憲法、国防など重要課題は次の政権に先送りという体《てい》たらくであった。著名作家が小説で、映画で、舞台で演じた武士道や大和魂など、歯牙《しが》にもかけられていなかった。世間や文壇も、日本浪漫派の流れをくむ美学の延長ぐらいにしか思っていなかった。

そんななかで作家三島由紀夫は孤独な闘いをしていたのだ。永遠の美としてしかありえないものである「天皇」を求めて、実際にあるものであった「社会の欺瞞」を否定したために、死によって自己完結するしかなかったのだ。

気が合ったという仲間の文芸評論家、日沼倫太郎から「自殺によってあんたの文学を完成すべきだ」といわれて困ったよといいつつ、一向に弱った様子を見せなかったという証言もある。三島の一切の針は、間違いなく「死」という極北に向かっていた。

事件を起こす前、三島は楯の会の会員と自衛隊の体験入隊を繰り返していた。その折に自衛隊との窓口になっていた現役のゼネラルがいた。三島との幅広い交友でも知られていた山本舜勝《きよかつ》で、彼はかつてある月刊誌に、三島が政府に提出したという『建白書』があるということを発表した。

当時の内閣官房長官の保利茂から防衛に関する意見を求められ、三島が日頃の持論を展開したものだ。「内閣」の印が押してあるA４用紙24枚にタイプ印刷がされたもので、１９７０（昭和45）年夏に保利に郵送された。三島がすでに自衛隊決起を心に決めていた後のことである。

内容は「武士道と軍国主義」と「正規軍と不正規軍」という2本仕立てになって

いた。彼はこの建白書のなかで、戦後の国際戦略の中心にあるものは核であると規定している。核のおかげで世界大戦が回避され、どの国も総力戦態勢をとることは許されなくなったという。さらに防衛問題の前提として天皇の問題がある。ヒューマニズムを乗り越え、人命よりももっと尊いものがあるという理念を国家のなかに持たなければならないという主張をしている。

しかし、この三島が心血を注いで書き留めたと思われる『建白書』は、佐藤総理と保利官房長官は目を通したが、閣議には提出されなかったといわれている。

中身を読みもしないで、このやり取りを知った中曽根康弘防衛庁長官が強硬に反対したと伝えられている。中曽根は日頃から三島の思想、行動に不愉快な思いを抱いていた。保利宛てに協議に値しないと長文の手紙を送っている。このような経緯で三島の『建白書』は闇に葬られていった。

そして市ヶ谷事件へとつながる。憂国の絶叫が三島への評価を変えた。世界を駆け巡った彼の壮絶な死に、日本の右翼陣営にも激震が走った。それまでの右翼とは明らかに一線を画す「新右翼」といわれる一群が三島に続けと、不気味な蠢動をはじめた。

（那由他一郎）

1993年―朝日新聞社拳銃自殺

とことん筋を通した覚悟の抗議と自害

反権力民族派の志士

野村秋介

のむら・しゅうすけ●1935年、東京生まれ。五・一五事件の三上卓を師事した日本の新右翼、民族派活動家。戦後の民族派の代表的な論客として知られる。1993年、抗議活動をしていた朝日新聞社内でピストル自殺。享年58。

1992年、野村秋介は、漫才師の横山やすしなどとともに、日本青年社などが組織した「たたかう国民連合、風の会」から参議院議員選挙比例区に立候補した。このときイラストレーターの山藤章二は彼らの行動を揶揄した。山藤は、『週刊朝日』の連載イラスト「ブラック・アングル」で「風の会」を「虱《しらみ》の会」と描いたのだ。これに激怒したのが、野村秋介である。野村は、朝日新聞に対しても猛烈に抗議を繰り返した。

１９９３年10月20日、野村は松本効三ほか３名を引き連れて朝日新聞の本社を訪れた。山藤の連載イラストに対して最終的な決着をつけるためであった。

当時、この問題について、野村は朝日新聞による形式的な謝罪表明を拒否していた。公開の場で討論を要求した。

朝日新聞側は野村の要求に対して難色を示したが、この日の会談で全面的に非を認め謝罪をするとともに、「お詫び文」を公表することで、決着する予定であった。

しかし、会談が終わった直後、野村は、

「今日は、それほど甘いことで来たわけではない。朝日が倒れるか、野村秋介が倒れるか……。さりとて、みなさんに危害を加えるつもりはない」

と静かに言うと、数分後、皇居に向かって「天皇弥栄《すめらみこといやさか》」と三度叫び、両胸に銃弾３発を放って自決したのだ。この日は、神風特別攻撃隊が創設され、初めて飛び立った日から50年目にあたっていた。自決は、野村にとって権力にこびない行動派右翼としての矜持《きょうじ》を示した一瞬であった。

野村が残した親天皇と民族の誇り

野村は愚連隊から民族派右翼になった人物である。刑務所に入っているときに五・一五事件に関わった三上卓の門下生に出会い、民族主義の活動に目覚めることになる。

出所後の1961年に「憂国道志会」を結成。2年後には、河野一郎が利権に走り党内抗争を煽っているとして、「河野一郎邸焼き討ち事件」を起こし、懲役12年の実刑を受けている。

この事件は右翼団体に衝撃を与えた。それまでは右翼が保守政党の議員宅を襲撃することは考えられなかったからだ。

12年の刑期を終えた野村は出所した2年後に、三島由紀夫の「楯の会」のメンバーと「YP体制打倒青年同盟」を名乗り、経団連会館を襲撃し、また実刑を受ける。YP体制とはヤルタ=ポツダム体制のことを指す。アメリカとソ連が作り上げた戦後の国際秩序のことである。野村はこの国際秩序を打倒すべきとした。これは既成の右翼にはない考え方で、野村は新右翼、民族派と呼ばれるようになった。

浅羽通明は『右翼と左翼』（幻冬舎新書）のなかで、野村の運動を批判的に取り上げている。

「こうした運動は、新左翼と比べてもマイナーすぎました。そもそも、六〇年代以降、戦前の旧日本を懐かしみ、忠孝倹約耐乏の道徳や天皇至上主義と日本軍を復興させようと自然に思う層はもはや高齢化していました。新憲法とアメリカ的民主主義はそれなりに定着し、日米同盟と高度経済成長の下、豊かさを求める生き方は、すでに日本人大多数の共通了解でした。そしてその負の側面、民族独立の喪失、第三世界からの搾取、物質的豊かさ万能の企業社会を撃つ批判ならば、共産党など旧左翼、また新左翼がとっくに放っていました。

今さら、天皇を掲げ、日本の伝統、民族の誇りを叫ぶ『反体制』勢力を支持しようと思う国民などほとんどいなかったでしょう」

確かに、野村が生きていた当時は、浅羽がいうように「天皇を掲げ、日本の伝統、民族の誇りを叫ぶ『反体制』勢力」は少なかったかもしれない。

しかし、令和の現在、多くの国民が野村のような行動をとらないとしても、素朴な気持ちとして、親天皇、民族の誇りを持っているのではないだろうか。その心は、野村たちが命をはってつくってきたものの果実なのだ。


（九鬼 淳）

1946年―神社本庁設立に尽力
戦前・戦中・戦後を貫く"右翼文将"としての重み

祭祀の中に日本がある
葦津珍彦

あしづ・うずひこ●1909年、福岡県の筥崎宮の社家の家系に生まれる。福島高等商業学校中退後、実家の社寺工務所に従事するが、頭山満、今泉定助、緒方竹虎らと交流をもち、政治的活動を展開する。戦後は神社本庁の設立に尽力した後、右翼思想家として大きな評価を得ている。

西郷隆盛、頭山満に信服

いささか古い発想だが、男のたしなみとして「文武両道」という言葉がある。「武」の分野に対峙するものとして「文」の分野があるとすれば、武将に対しては文将というものが存在してもいいだろう。

葦津珍彦の戦前からの一貫した冷徹な理論は、右翼陣営のよりどころとされたが、その存在感はまさに「文将」という言葉にふさわしい。右翼、左翼を問わず、政治の周辺に生息する人種には、武将気取りはゴロゴロいるが、文将となれば、その数はにわかに少なくなる。

葦津は中学に入学した頃に左翼思想にかぶれ、それ以後の教育は中退を繰り返すなど、ほとんどの理論知識の構築は独学で修めている。頭山満、内田良平など同郷人に著名なナショナリストがいたことも影響したのか、朝鮮独立運動を支援したりしている。また、戦中はナチスドイツや東条英機内閣の批判をして逮捕された。

論及する対象は、神道論、天皇論にとどまらず、政治、外交、歴史など広範囲にわたり、そのすべてに深い考察がなされている。膨大な資料と客観的事実に基づいた理論は左派陣営にも影響を与え、右派の代表的思想家としての地位を築いた。

常々、「物を考え、物を書く基本はロジックとセンスだ」と周辺の者に語っていたという。また、思想の第一義は知識や理論の精粗ではなく、人間としての情感であるとの言が残っている。

戦後、GHQの指令のもとに日本の神道界は厳しい状況におかれていた。神社信仰は、まるで太平洋戦争を引き起こした諸悪の根源のようにみなされ、天皇とともに廃止抹殺の声があがった。政治体制そのものだけでなく、日本の歴史や伝統までもが否定されようとしていたのだ。

葦津の信念は、天皇に替わる「新しい御上《おかみ》＝ＧＨＱ」にこびる世間の風潮に逆らうものだった。吉田茂など一部の政治家も動いたが、民間にあって葦津は神社本庁の設立に東奔西走した。

葦津の信念――それは、政治は第二義のもので、祭祀を中心とする文化の中にこそ日本が存在するというものだ。日本人の精神として「鎮魂」の重要性を説いた。志というのは、先に逝った友を偲び、帰幽した人を追憶する心によって保持されるとした。なぜ明治維新が成立したのか。このような志が日本人の間で継承されてきたからだ。幕末の国家的危機も、それによって救われたと葦津は考えた。

神道の心に裏打ちされた彼の思想には凡百の人間の賛同は必要なかった。その文筆活動は、自ら主筆となった『神社新報』を中心としていた。マスコミレベルより限られた範囲の同志に向かうという姿勢を貫くものだった。

右翼の系譜につながる二大巨人といわれる人物がいる。葦津が戦前に私淑していた頭山満と、その頭山が敬愛していた西郷隆盛だ。葦津の著作の中に『大アジア主義と頭山満』（日本教文社）と『永遠の維新者』（葦津事務所）というのがあり、それぞれ二人が取り上げられている。

思想界においては橋川文三、竹内好など左翼系論客を相手に堂々の天皇論を展開、たじろぐことのない葦津であったが、この二人については必ずしも、理論的、実証的に論が進められていないのがおもしろい。この点については生前に本人も認めている。

西郷を「絶世の英雄」とたたえた葦津の言葉を紹介しておこう。葦津の思想の一端がうかがえるものだ。

「（西郷は）維新の成果にやすやすと満足、安住することはできなかった。……ふたたび第二の維新への志に燃え立った。新政権に反対のあらゆる潮流の多様多彩な志士たちからふたたび決起することを期待された。……前進すればするほど、維新の理想の遠くして高いことが感じられ、志が燃えあがる。生あるかぎり、永遠に目標を追いもとめて斃れるしかない。永遠なる維新の道があるのみである」（『永遠の維新者』）

さらに葦津は、革命の歴史の「わびしい法則」を見抜いている。ロシア革命の愚を見るまでもなく、往年の志士が俗物的官僚へと転落していく様を嗤《わら》っていた。（那由他一郎）

1972年―一水会創設

右も左も包み込んだ巨大な懐を持った志士

信念を貫いた一生

鈴木邦男

すずき・くにお●1943年、福島県に生まれる。「一水会」名誉顧問、思想家、プロレス評論家。学生時代は民族派系学生組織「全国学生自治体連絡協議会」を結成し初代委員長。72年に一水会を創設し代表。99年顧問。2023年に死去。

新右翼を名乗り、一水会を立ち上げた鈴木邦男。対米自立の民族派であった。戦後の右翼の多くは児玉誉士夫を代表に親米でありCIAとつながっていた。CIAとつながることによって利益を得ていたのだ。

それとは一線を画していたのが鈴木である。

鈴木は学生時代、民族派の学生組織である「全国学生自治体連絡協議会」を結成して、初代委員長に就任している。そして、左翼の連中と激闘を繰り広げていた。一水会の現在の代表である木村三浩《みつひろ》は当時の鈴木について、こう語っている。

「鈴木さんは実はものすごく気骨のある人なんです。見た目とか発言はソフトだけど、民族派としての意識は誰よりも強い。じっさい、若いころは左翼とガンガン殴り合いをしていたわけだし、私も鈴木さんが怒りの鉄拳をふるうところを見たことがある。

　鈴木さんはテロを否定しているけれども、素質は充分ですよ、誰よりも。ただそんな自分を分かっているから、あえて否定してタガをはめているんでしょう」（『宝島SUGOI文庫　日本の右翼と左翼』）

人間として正しいかどうか

　鈴木は1972年に一水会を立ち上げるが、その後は、右翼とも左翼とも取れる活動をするようになる。

　ネット右翼の者たちが起こした、靖國批判の映画『靖国　YASUKUNI』やイルカ漁を批判した『ザ・コーヴ』への上映禁止運動に対して、鈴木は徹底的に対抗した。鈴木の理論は「観なければわからないじゃないか。観ずに批判するな」であった。

まさに正論である。右も左も関係ない。人として、正しくないかどうかが鈴木の基準であった。

鈴木は晩年、自ら「右翼30％、左翼70％。四捨五入すれば左翼」と話し、右と左の枠にとどまらない思想の幅の広さをもって言論界で活躍していた。

２０２３年１月11日に79歳で鈴木は亡くなったが、彼のお別れの会には、鳩山由紀夫、福島瑞穂、左高信の左巻きから、強面《こわもて》の右翼の重鎮までが集まった。人脈の広さも右から左まで非常に多岐にわたっていた。

『宝島ＳＵＧＯＩ文庫　日本の右翼と左翼』で鈴木はこう書いている。

「左翼の人たちも、『俺たちにも愛国心はある』『俺たちも民族派だ』と言い出している。だから、『右翼・左翼』で区別できる時代ではなくなっているということだ」

まさに、鈴木自身が右翼・左翼では区別できない。鈴木の基準が右や左ではなく、当たり前のことを当たり前に感じ、意見しているからだろう。

これからの右翼の基準は当たり前のことを当たり前に感じ言うことになる。（九鬼 淳）

第2章

日本の左翼

左翼とはいったい何なのか

社会主義国の崩壊で左翼陣営の幻想は終焉した

文／本橋信宏

マルクス主義

左翼の精神は、〝正義感〟である。

左翼人、というと、思い浮かぶのが、インテリ、大学生、知識人、学者。

何故に彼らは左翼になったのか、そのキーワードが不正を憎む正義感であった。

戦前は時の権力者や企業経営者に対して、市民や勤労者が文句を言えるような雰囲気ではなかった。炭坑や工場で人々は安い賃金で働き、落盤事故で命を落とし、経営者の気まぐれでクビを切られても、文句は言えなかった。公害があっても、企業は見て見ぬふり、市民から文句が出ても、ほったらかしだった。

これではいかん！

社会問題に目覚めた正義感の強い若者なら、だいたいそう思う。彼らはいまよりも思想の締め付けが厳しい戦前であったにもかかわらず、立ち上がろうとした。その理論的後押しになったのが、マルクス主義であった。

ヨーロッパでも勤労者は虐げられていたが、マルクスが資本主義を分析し、そのうち先進資本主義国は、内部矛盾から崩壊し、労働者による政権ができるだろうと、当時としては科学的なデータをそろえて主張した。その著が『資本論』であった。

数字と方程式が出てくる難解な『資本論』は、世界の若者やインテリたちにもてはやされ、『資本論』を読むことが流行になり、マルクスの唱えた労働者国家の樹立をめざす社会主義は、たちまち世界に広まった。

日本でも、秘かに東大生やインテリ労働者に広まり、社会主義とマルクス主義は一番おしゃれな思想とされた。東北の地主の息子で東大生の太宰治が学生時代、共産党のシンパだったことは象徴的である。

戦後、自由が謳歌され、日本共産党が合法化されると、ますますこの傾向は強まった。実際に、マルクスが唱えたように、資本主義国は不景気になり、中国が社会主義革命に成功し、いよいよ世界は労働者国家になると思われた。

マルクス主義という科学的理論があるのだから、左翼は自信があった。ところが、革命は起きなかった。国会で多数派を占めることもできなかった。チャンスは2度あった。60年安保と70年安保である。60年安保では、岸内閣を倒閣するまではいったが、政権奪取はできなかった。70年安保は新左翼が活躍したが、自民党政権はびくともしなかった。

しかし左翼は活動範囲を広げていく。

労働運動、反核、戦争反対、公害反対……。

左翼が好んで唱えたテーマである。政府に楯突く勢力を、左翼と呼んだ。社会主義国家になったソ連、中国、キューバ、北朝鮮は左翼にとって、シンパシーを感じる相手となった。

社会主義国の崩壊

だが、矛盾が生まれた。社会主義国は労働者代表の政党（共産党、朝鮮労働党）しか認めないから、一党独裁である。すると表現の自由が限られてくる。本来、表現の自由は左翼が最も敏感に反応する部分だったのに、シンパシーを感じるソ連や中国が最も厳しく弾圧した。社会主義から共産主義に移行する過程で、国家は死滅する、とマルクスは予見した。ところが、ソ連、中国、北朝鮮といった社会主義国ほど自国中心主義が高揚していた。本来、侵略しないはずのソ連、中国が、アフガニスタン、ベトナム、チベットを侵略していった。

おかしい。

ちょっと違うんじゃないか。

社会主義国の経済が破綻し、崩壊していくと、左翼も退潮していく。いち早く、社会主義が市民を幸福にしないメカニズムだと気づいた人々は、資本主義を容認し、体制内から改革しようというリベラリズムに引っ越した。

左翼に明日はあるのか。

あるとしたら、民族主義や宗教対立が起こる現在、落ち込んでいた左翼が、不正を憎む原点にもどって、再生するかがカギとなっているのではないだろうか。

革命精神を取り巻くことばの数々

左翼を知るためのキーワード

大学の構内にあるアジ看板に書かれたスローガンや、左翼運動をする人が理屈っぽく述べる言葉は、耳慣れない響きをもっている。これらは、程度の差こそあれ、資本家や権力者に対して弱い立場にある側からの反攻の主張である。

文／栗原正和

革命

様々な方法で既成の制度や価値観、社会を変えていくという意味で、おもに左翼が使う言葉。中国には「易姓革命」という儒教の政治思想があった。

これは天下を治める王が間違いをおかす人物であるなら、替えられてしかるべきという考え。このため右翼の言い分としては、神武天皇以来、間違いをおかさず続く日本の天皇制には「革命」という文字はそぐわないと考えている。逆に左翼は、天皇制を打倒することが革命達成の大きな手段と考える。

階級闘争

「人類の歴史は階級闘争の歴史である」と書かれているのはマルクスとエンゲルスの共著『共産党宣言』。人には生まれながらに資本や家柄による階級があり、それらの下位に属する者は上位に不満を向け、上位に属する者はその地位を守ろうと下位をしめつける。これが階級闘争ということになる。ただし、いわゆる左翼が使う場合の階級闘争の言葉は、ほとんど下位から上位への意味として、同じ下位の者を扇動する意図で使われることが多い。

社会主義・共産主義

社会の財産を全員で共有することによって社会を構成・運営していく思想が社会主義。競争社会である資本主義経済の不平等を乗り越えることを目的としている。共産主義も概念的には共通しているが、「共に産む」ことの美徳をより強調したもので、「能力相応に労働し、必要程度の分配を受ける」というかたちで階級支配をなくそうとする平等理論である。マルクスはみずからを共産主義者だと称した。

空想的社会主義・科学的社会主義

ロバート・オーウェンらによって論じられた平等・幸福なユートピア社会を、マルクスは「空想的社会主義」と呼んだ。現実化可能ではないという意味での批判である。そこでマルクスは弁証法的唯物論に立脚し、空想性を排除した「科学的社会主義」を打ち出した。「哲学者はただ世界を解釈してきたにすぎない。重要なのは世界を変えることだ」とマルクスは言う。この科学的社会主義の影響のもとにレーニンがロシア革命を成功させ、とりあえずソ連という世界初の社会主義国家が成立することになる。「マルクス主義」という言葉も、科学的社会主義とほぼ同義語として使われる。日本共産党は科学的社会主義を思想の軸に据えているが、ソ連の社会主義に対しては偽モノだったと批判している。

無政府主義

アナキズム（アナーキズムとも表記）。起源はヘーゲル左派の哲学者・シュティルナー（スティルナーともスチルネルとも表記される）の「唯一者とその所有」に見ることができる。これは辻潤が『自我経』として邦訳した。個人を重んじ、人間を管理する政府という権力存在を否定する考え方で、プルードン、バクーニン、クロポトキンらによって主義として構築されていった。ただし理論は体系的なものとしての完成度が低く、多数の人を動かす社会革命可能な統一された思想として機能しうるものではなかった。そこで、より緻密で具体性のある思想を唱えたマルクスへの支持者に数でも活動でも敗北していくことになる。日本では幸徳秋水、大杉栄らが代表的な無政府主義者である。

コミンテルン

1919年にモスクワで21カ国の代表が参加して設立された共産主義の国際組織。「共産主義インターナショナル」あるいは「国際共産党」という意味。1943年に解散。

コミンフォルム

コミンフォルムは第二次大戦後、ヨーロッパでコミンテルンの考えをソ連中心に受け継いだ組織の「共産党・労働者党情報局」のこと。戦後アメリカによる世界戦略に対抗するためにつくられた。日本共産党はコミンフォルムの干渉を受け組織が弱体化した。スターリン批判後、1956年に廃止。

治安維持法

天皇制国家ならびに私有財産制度を否定するグループや個人を処罰するために、1925年に制定された。思想を取り締まる法律として、悪法の典型とよく言われる。1941年の改正で、「予防拘禁」という項目が加わった。これは治安維持法違反により逮捕され刑期が満了しても、獄中で思想転向をしなかった者を、出獄させないことができる項目。再犯防止という理由だが、思想・信条も変えられると考えた権力側の浅薄な人間観がうかがえる。

特高

特別高等警察の略。天皇暗殺計画をしたとされる「大逆事件」の発生を受けてつくられた特別高等課がその源流となる秘密警察組織。治安維持法成立後は、調査・取調べにおいて人権無視の方法がとられた。言論・表現・思想の自由が取り締まられ、戦前・戦中における暗黒時代の象徴。だが、特高を設置しないと、天皇制国家が転覆されると考えた権力者の判断は自然なことでもある。１９４５年、治安維持法と共に廃止された。現在は、戦前戦中のような横暴な手段は控えられているものの、公安・警備警察ならびに公安調査庁という情報収集組織がある。

スターリン主義

ソ連の政治家、ヨシフ・スターリンは、１９５３年に死んだ後、書記長のフルシチョフによって「スターリン批判」がされる。スターリンの支配体制は間違っていたという批判だ。のちにスターリンが様々な暴虐を行ったことが明らかになり、その犠牲者は１００0万人とも言われる。彼は独裁者としてヒトラーに並び称されることも多い。そんなスターリンのような思想や政治手法を称して、否定的な意味で「スターリン主義」という言葉が使われる。

反帝・反スタ

新左翼の用語。帝国主義（＝日本の帝国主義、アメリカの帝国主義）と、スターリン主義（既存の社会主義・共産主義）、どちらに対しても反対の立場をとるという意味。新左翼活動家としては「間違った保守思想・帝国主義

＝右翼」と、「間違った左翼」とをまとめて否定し、攻撃対象とする。

トロツキズム

トロツキーはスターリンに追放され、暗殺された政治家。スターリンを否定的にみる左翼にとって、その犠牲となった革命家の理論（＝トロツキズム）は、おのずと再評価を受けることとなる。トロツキーの提唱した「永続革命論」はスターリンの「一国社会主義論」とは対立するもので、世界革命なくしては社会主義は達成できないとする。

新左翼

既存の左翼（日本共産党・日本社会党）の方針に不満を抱いたグループが、独自に活動するようになり、既存の左翼と区別する意味で新左翼という呼称が用いられるようになった。武装闘争路線をとるところがほとんどであり、一部は過激派と呼ばれる。また、これを取り締まる側の警察庁は「極左暴力集団」と呼ぶ。

共産同（ブント）

武装闘争を放棄した日本共産党に不

満をもったグループが、1958年、共産主義者同盟（ブント）を結成することになる。ブント（Bund）とは、ドイツ語で「同盟」の意味。60年代から内部対立と分裂を繰り返す。「赤軍派」「日本赤軍」「連合赤軍」も元はこの流れを汲む。

革マル派・中核派（革共同系）

1957年、日本トロツキスト聯盟を前身として日本革命的共産主義者同盟が成立する。そこから革命的共産主義者同盟全国委員会が立ち上がる。この内部で、黒田寛一派と本多延嘉派が対立するようになり、63年に黒田派が分裂してできたのが「革マル派」（日本革命的共産主義者同盟革命的マルクス主義派）である。残った本多派が「中核派」と一般的に言われるようになった。

社青同解放派・革労協（社青同系）

源流が日本共産党ではなく、日本社会党系の日本社会主義青年同盟のメンバーを母体としている。革労協は革命的労働者協会の略称。

無政府主義、共産党、ブント、革マル、中核、全学連……

左翼運動の歴史

左翼運動は、戦前の日本では徹底的に弾圧された。戦後、60年安保を頂点として左翼運動は衰退し、ソ連の崩壊により、さらに求心力を失う。

文／本橋信宏

戦前、日本は天皇制国家だったことから、左翼運動は、反天皇制運動でもあった。明治期から、日本では幸徳秋水をはじめとする無政府主義の思想が秘かに広まり、反天皇制運動が起こった。

日本社会党（1906年）、日本共産党（22年）が誕生して、日本の左翼運動が広まっていく。なかでも共産党は、非合法で、天皇制反対を唱えたために、警察から激しい弾圧を受けた。小林多喜二の拷問死の写真は、あまりにも有名なシーンである。太平洋戦争で左翼運動は壊滅し、終戦後、占領軍による軍国主義の追放で、共産党をはじめとした左翼勢力が勢いづいた。徳田球一をはじめとした共産党幹部が釈放されると、合法化された共産党は国会でも議席を獲得するようになり、中国の社会主義化とあわせて、明日にも革命が起きる、といった雰囲気になった。

これに冷や水を浴びせたのが、ソ連共産党だった。日本共産党の議会主義では革命が起こせない、と国際組織のコミンフォルムを通じて暴力革命を指示した。当時、ソ連は絶対視されたために、共産党は中核自衛隊という武装組織をつくり、火炎瓶闘争をおこない、血のメーデー事件をはじめ、各地で過激な闘争を巻き起こした。もともと日本人は穏健なため、共産党の暴力革命路線は支持されず、議会でも議席を減らし、以後、共産党は暴力革命路線を否定する。

共産主義者同盟と新左翼の挫折

これに対して、元党員や党を除名になった学生たちが新たに組織したのが、共産主義者同盟（ブント）だった。共産党が暴力路線を放棄したのを批判して、激しい街頭デモをおこない、60年安保闘争の中心となった。安保が自動延長され、闘争が挫折してから、ブントは様々な派に分裂、これに黒田寛一、本多延嘉といったメンバーが新たに日本革命的共産主義者同盟（革共同）を設立し、ブントからの活動家が合流、後の新左翼と呼ばれる一大勢力となる。

新左翼とは、共産党、社会党の伝統的な政党とは異なる新しい左翼勢力のことであり、反帝国主義とともに反スターリン主義が特徴的であった。社会主義国なら正しい、というそれまでの観念を批判して、スターリンがおこなった独裁主義を否定した。「反帝」「反スタ」は新左翼の代名詞ともなった。

60年代後半、日大、東大をはじめとした大学で大学民主化を求めた紛争が起こり、全国に飛び火して、大学紛争が起こった。これを先導したのが、三派系全学連（中核派・社青同解放派・ブント）であった。いま、68年がひとつのシンボルになっているが、新左翼運動が最も活発だったのがこの年であった。翌69年1月、東大安田講堂を占拠した三派系全学連と機動隊との戦いは、いまでもテレビで時折映像が流される。

安保反対は左翼の一大テーマだった。70年安保闘争では、これまでの闘争に不満を持つブントの一部が赤軍派を結成、日本左翼史上最も過激な武装闘争グループとなり、一部はよど号ハイジャックで北朝鮮に渡り、一部は中東でパレスチナゲリラと連帯し、一部は国内で連合赤軍となって、浅間山荘銃撃戦をおこなった。機動隊との銃撃戦は一部左翼に支持されたが、同志12名を雪の山中で殺害していた事実が露見すると、新左翼運動は大きな挫折を味わう。

さらに、革共同が中核派（本多延嘉）と革マル派（黒田寛一）に分裂して内ゲバを起こすようになり、死傷者が続出したことも新左翼運動退潮の一因となった。

安保闘争で挫折しながらも、左翼は、成田空港反対運動や狭山事件裁判の被告支援運動で、活発な動きをしていく。

社会主義は幻想

その一方で、穏健な路線を歩むようになった共産党と他の左翼勢力が対立し、なかでも共産党と部落解放同盟は敵対関係になった。

社会党は、共産党に比べ開放的で、党内に様々な意見を持つ活動家がいたために、新左翼系の活動家が入りやすく、市民運動にも影響力を持ってきた。土井たか子が委員長になってマドンナ旋風を巻き起こしたが、平成に入って91年にソ連が崩壊し、東欧の社会主義国も崩壊すると、左翼は衰退していく。資本主義が豊かな暮らしをもたらしたことに、市民は社会主義に魅力を感じなくなっていたのだ。中国で起きた天安門事件の影響もあり、さらに左翼運動は力をなくしていった。

おもな左翼団体の流れ（右から）

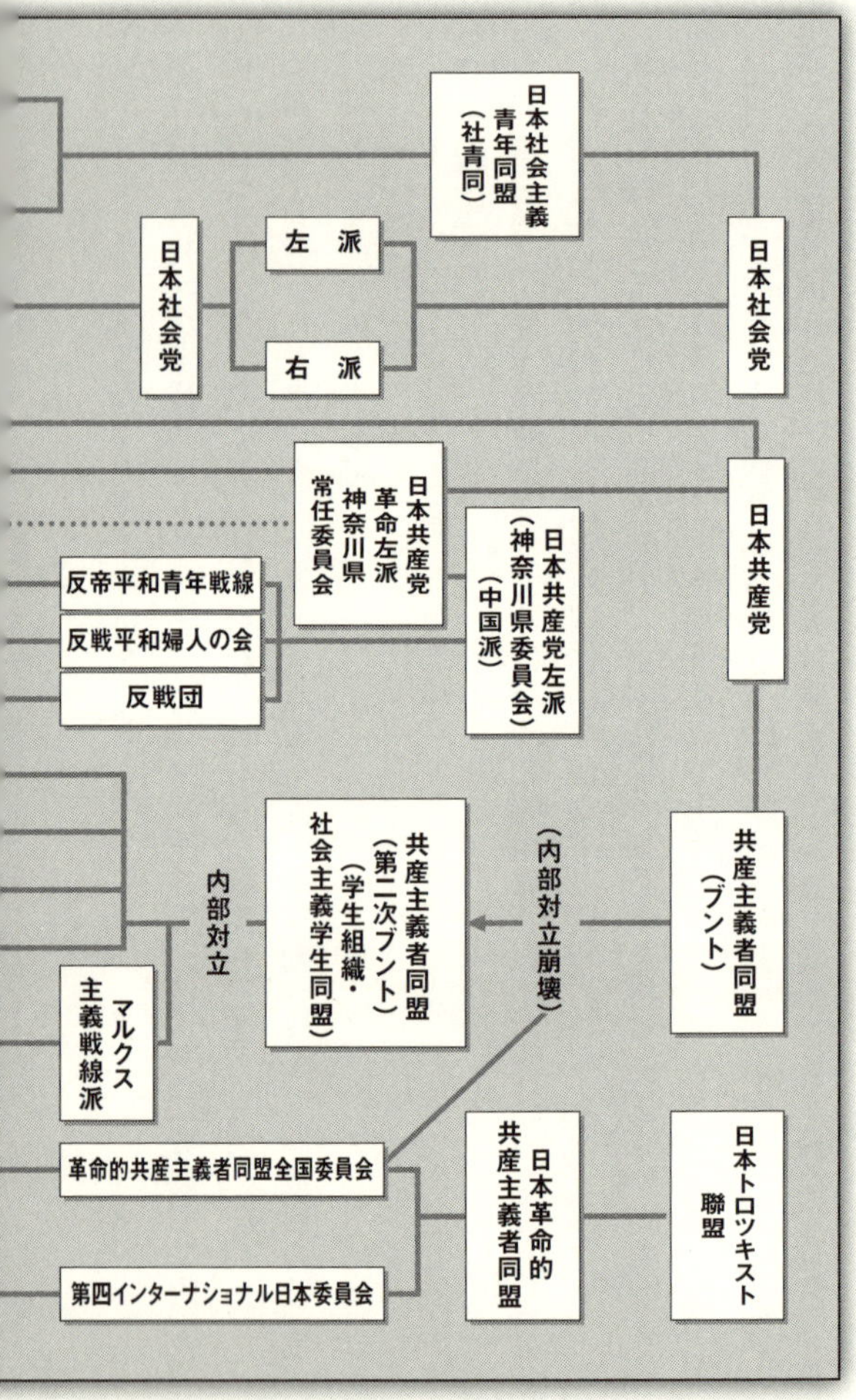

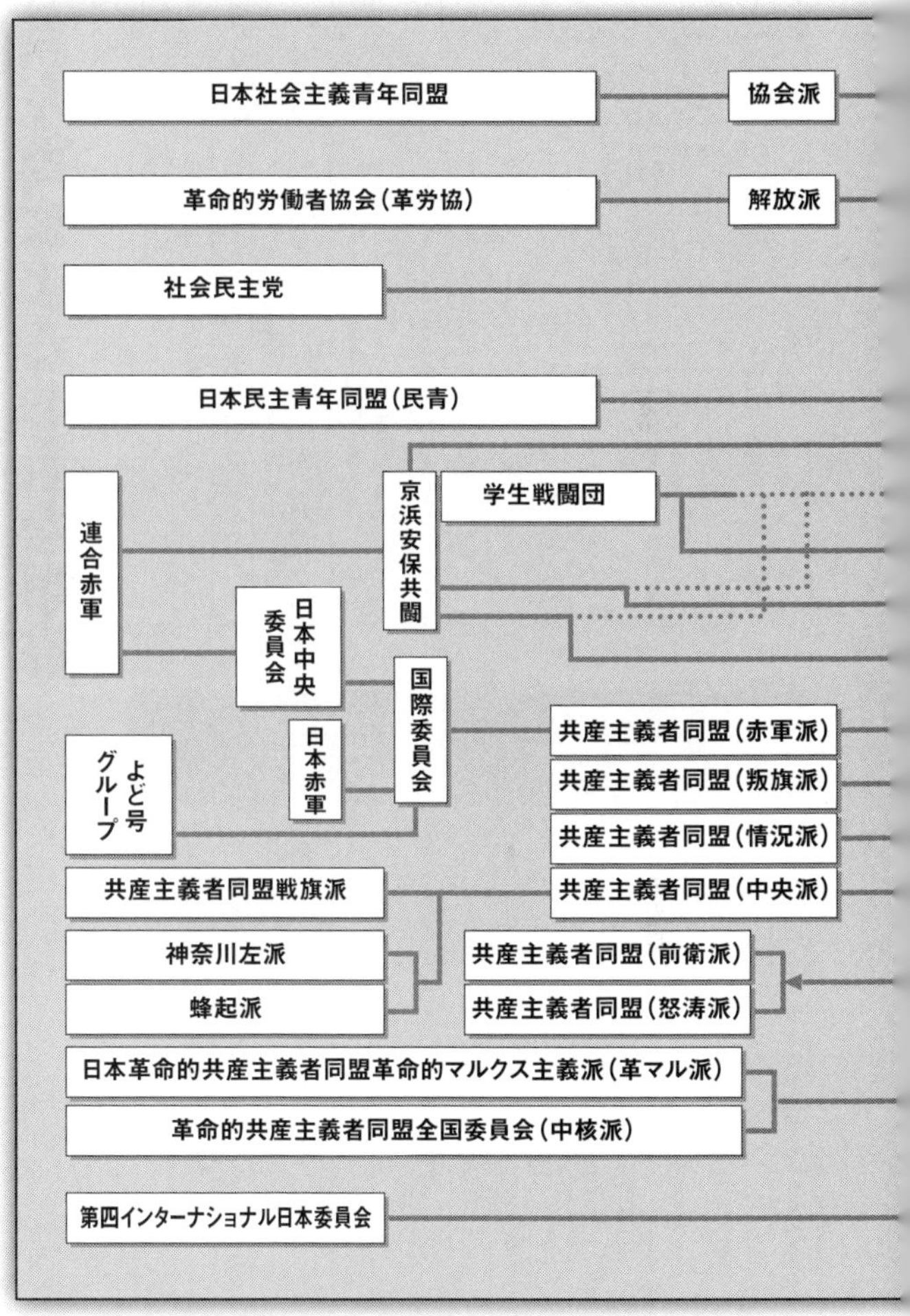
日本社会主義青年同盟
協会派
革命的労働者協会（革労協）
解放派
社会民主党
日本民主青年同盟（民青）
連合赤軍
京浜安保共闘
学生戦闘団
日本中央委員会
日本赤軍
国際委員会
よど号グループ
共産主義者同盟（赤軍派）
共産主義者同盟（叛旗派）
共産主義者同盟（情況派）
共産主義者同盟（中央派）
共産主義者同盟戦旗派
神奈川左派
蜂起派
共産主義者同盟（前衛派）
共産主義者同盟（怒涛派）
日本革命的共産主義者同盟革命的マルクス主義派（革マル派）
革命的共産主義者同盟全国委員会（中核派）
第四インターナショナル日本委員会

新左翼によるおもな事件

昭和27年	2月20日	東大ポポロ事件
昭和30年	6月3日	京大総長監禁事件
昭和34年	11月27日	全学連国会構内乱入事件
昭和35年	1月16日	全学連羽田空港ロビー占拠事件
	5月20日	全学連首相官邸乱入事件
	6月15日	安保条約批准阻止6・15統一行動、全学連国会構内に乱入
昭和37年	6月21日	京都府学連デモ事件
昭和41年	2月22日	早稲田大学占拠事件
	5月30日	横須賀基地侵入事件
昭和42年	9月13日	法政大総長・学部長不法監禁事件
	12月12〜22日	名古屋駅コインロッカーダイナマイト所持事件
昭和43年	1月〜4月	成田（三里塚）闘争
	6月21〜28日	アスパック阻止闘争
	9月4日	日大仮処分執行に伴う公務執行妨害事件
	10月8日	新宿事件
	10月21日	新宿騒擾事件
	11月7日	沖縄奪還・騒擾罪・安保粉砕闘争
昭和44年	1月18〜19日	東大封鎖解除事件
	3月3日	京大入試妨害事件
	4月12日	岡山大検証事件
	4月28日	沖縄デー闘争
	6月8〜11日	アスパック阻止闘争
	8月17〜18日	広島大学封鎖解除事件
	9月3日	早大大隈講堂封鎖解除事件
	9月20〜22日	京大封鎖解除事件
	9月22日	大阪戦争（赤軍派が大阪市街で派出所を火炎びんで襲撃）
	9月30日	赤軍派・本富士署襲撃事件（東京戦争）
	10月14日	九大封鎖解除事件
	11月4日	米軍厚木航空基地爆破未遂事件

年	月日	事件
	11月5日	赤軍派大菩薩峠事件
昭和45年	3月31日～4月5日	日航機よど号乗取り事件（赤軍派）
	6月14～23日	六月安保闘争
	8月3日	中核派による東京教育大生リンチ殺人事件
	12月18日	日共革命左派神奈川県委員会による警視庁・志村署上赤塚派出所襲撃事件
昭和46年	2月22日～3月22日	赤軍派、千葉・神奈川・宮城県下で金融機関連続襲撃事件
	7月23日	赤軍派、鳥取・米子市で銀行強盗事件
	11月14日	中核派による渋谷暴動事件
	11月19日	中核派による日比谷・松本楼など焼き打ち事件
	12月18日	警視庁警務部長宅爆破殺人事件
	12月24日	クリスマス・ツリー爆弾事件
昭和47年	2月19～28日	連合赤軍、あさま山荘事件

年	月日	事件
	5月30日	日本赤軍によるテルアビブ・ロッド空港事件
	11月8日	革マル派による早大生リンチ殺人・死体遺棄事件
昭和48年	1月1日	連合赤軍森恒夫、東京拘置所内で自殺
	4月27日	革マル派による国鉄品川機関区事件
	10月20日	革マル派による中核派拠点連続襲撃事件
昭和49年	1月24日	世田谷区で中核派が革マル派を襲撃
	1月24日	中核派による横浜国大内ゲバ事件
	1月31日	日本赤軍等によるシンガポール事件
	2月6日	日本赤軍等による在クウェート日本大使館占拠事件
	7月26日	パリ事件
	8月30日	三菱重工ビル爆破事件
	9月13日	ハーグ事件

	10月14日	三井物産本社ビル爆破事件
	11月14日	マル青同、米ソ両大使館に乱入
	11月22日	マル青同、福岡の米領事館乱入事件
昭和50年	3月5日	ストックホルム事件
	3月14日	中核派本多書記長革マル派に襲撃され死亡
	7月17日	新橋駅ホームで革マル派と中核派が乱闘 皇太子自動車列に対する空き瓶・スパナ投てき事件 ひめゆりの塔で皇太子・同妃殿下に対する火炎びん投てき事件
	8月4日	日本赤軍によるクアラルンプール事件
	9月13日	第四インターによる外務省構内侵入事件
	11月21日	大阪・三井物産ビル爆破事件
昭和51年	10月13日	日本赤軍の奥平純三ヨルダンから強制送還

昭和52年	9月28日	日本赤軍による日航機乗っ取り事件
	10月27日	神社本庁爆破事件
昭和53年	1月27日	水戸・勝田市内同時「内ゲバ」殺人事件
昭和55年	2月22日	中核派、海上自衛隊専用電話線等切断事件
昭和63年	4月12日	米国で日本赤軍の菊村憂が爆発物所持で逮捕
	5月6日	日航機「よど号」乗取りで北朝鮮に逃亡していた柴田泰弘を東京で逮捕
	6月7日	日本赤軍の泉水博がマニラで逮捕

社会主義革命は幻だったのか

1910年―大逆事件（幸徳事件）
〝左翼運動の先駆者〟は横暴な国家と司法の犠牲に

近代左翼の源流

幸徳秋水

こうとく・しゅうすい●1871年、高知生まれ。本名・幸徳伝次郎。明治時代の言論人。社会主義・無政府主義思想を説いた。著作に『二十世紀の怪物帝国主義』（1901）、『社会主義神髄』（1903）などがある。明治天皇暗殺を企てたとされる「大逆事件」で首謀者の嫌疑を受け逮捕され、翌年の1911年、死刑に処せられた。

具体性なき爆殺計画

日本の社会主義運動・無政府主義運動において、まず最初に取り上げられなくてはならない人物といえば、やはり幸徳秋水ということになるだろう。

江戸時代の安藤昌益のような特異な思想家を左翼の源流に位置づけることも可能だが、何より天皇を中心とした日本という近代国家では、幸徳をおいて他にない。

彼が死刑に処せられた「大逆事件（幸徳事件）」は、のちの日本の国家権力と左翼運動の対立関係を予見させる出来事だった。

大逆事件は、明治天皇を爆弾で暗殺しようとした計画が発覚したものである。この事件に連座して、起訴された者は26人。うち2人が有期刑、12人が無期懲役、12人が死刑となった。しかもほとんど審理らしい審理もなく、裁判はスピード決着した。

この強引な決着は、1907（明治40）年に改正された刑法における「大逆罪」の規定によるものだった。現在の刑法も、この年に改正されたものが踏襲されているが、大逆罪・不敬罪といった項目は、第二次大戦後に削除されている。

大逆罪は刑法の73条に規定されていた。天皇および皇族に危害を加えようと計画しただけで、いきなり死刑という規定である。

こうした背景から、天皇を中心とした国家体制維持のため、幸徳以下12人を死刑に処すという決着は、権力側にとって当然の判断であっただろう。

しかし、この事件の裁きが当時の司法制度に照らしても不当であった……と、疑問を投げかける研究者は多い。幸徳は見せしめ的に死刑になったという理解が一般的になっている。明治天皇を暗殺しようとしたテロ計画は、確かに実在した。だが、それは現実味の薄いものだった。

最も積極的にこの計画をイメージしていたのは、山梨県出身の職工・宮下太吉《たきち》である。労働者を取り巻く劣悪な環境に疑問を抱いていた宮下は、社会主義・無政府主義の文献を学ぶうちに、天皇暗殺という着想に至った。そして、幸徳の妻であり新聞記者でもあった管野スガも、宮下に共感して、テロを思い描いた。

宮下は実際に爆裂弾製造に成功する。器用な職工なだけに、ブリキ容器でつくられた爆裂弾を完成させた。そして、信州・明科の山中において、爆破実験も試みた。ここに新村忠雄・古河力作も加わり、計画は練られた。だが、日程も具体化せず、計画は漠然としたものでしかなかった。幸徳秋水も、宮下の計画を聞いてはいたが、乗り気ではなかったと言われている。

大逆事件に巻き込まれるまで、幸徳は新聞記者として精力的に言論へ取り組んだ。まずは黒岩涙香《るいこう》が創刊した『萬朝報《よろずちょうほう》』紙面において、非戦論を訴えた。だが、日本が日露戦争へ突き進んでいかんとしている１９０３（明治36）年のことである。世のムードが開戦論へと傾いていったため、黒岩の方針も時流に乗らざるを得なかった。

左翼の源流・幸徳と反戦思想は、切っても切り離せない。幸徳は非戦論を主張できなくなった萬朝報を去る。そして『平民新聞』を創刊し、言論の場をみずから確保した。そして非戦論や韓国併呑反対を訴え続けた。

言論人としての幸徳は当初、議会制による段階的な社会主義革命を支持していた。だが、渡米後、クロポトキンの影響下で、無政府主義思想を強めていった。こうした思想表明が権力者側の見せしめ処罰として、都合のいい対象となったのは間違いない。無政府主義の持つ過激性が、権力者側の敏感な反応を招いたのであろう。

幸徳の思想の変化は一般的な左翼とは逆方向の流れと言える。年輪とともに融和的な思想になっていくのが人間の自然な流れだが、幸徳の時代は「無政府主義」というものが、まだ現実社会の展開として成立しうると思われていた。やがて理論としても社会革命としても、無政府主義はマルクス主義に敗北していく。このプロセスを知ることなく、幸徳は非業の死を遂げることとなった。幸徳秋水は死刑判決を受けた法廷で、無言のままいたが、同じ仲間の三浦安太郎は「無政府党万歳！」と叫んだという。

（栗原正和）

1908年――赤旗事件

社会主義者の連帯を模索し続けた「バランス感覚」

さかい・としひこ●1871年、福岡生まれ。旧制一高中退。小説家を目指すが、『萬朝報』や『平民新聞』の言論人として注目される。日露戦争に反対の立場をとった一人。社会主義・共産主義の思潮をいち早く取り入れ、一時は東京市会議員も務め、故郷には農民労働学校を設立する。1931年脳出血で倒れ、33年に死去。

融和と革新の両立を夢見た

堺利彦

赤旗事件という分岐点

1903（明治36）年、日露戦争に関して非戦論を訴えていた『萬朝報』が、開戦論に方針転換したことの影響は大きかった。萬朝報で執筆していた有為の人材が、数多く朝報社を去ることとなったのである。大逆事件で死刑となる幸徳秋水や、キリスト者・内村鑑三、のちにエコロジー的な土民生活を唱える石川三四郎……そして、堺利彦も、萬朝報を去った一人だった。

堺は幸徳とともに「平民社」を設立、『平民新聞』を発行し、ここで反戦・平和運動の原点とも言うべき非戦論を展開していく。日本の左翼にとって、反戦・平和のスローガンが定番になっていったのは、この時期の活動家による影響が大きい。

明治から大正にかけての社会主義者・無政府主義者たちは、それぞれが深いかかわりを持ちながらも、一枚岩だったわけではない。現代の左翼陣営にも通じる内部対立・分裂の図式は当時からすでにあった。それは主に「議会政策派」と「直接行動派」という二派によるものと言ってもいい。

暴力を容認するスタンスを持っていた「直接行動派」が幸徳秋水らの無政府主義者であり、「議会政策派」は議会を通じた穏健な方法論を主張していた。前者は「硬派」、後者は「軟派」とも称された。また、前者はテロも辞さない過激性を有していたのに対し、後者はテロに疑問を持ったスタンスをとっていた。

08（明治41）年6月の「赤旗事件（錦輝館《きんきかん》事件）」は、当時の左翼活動家たちのスタンスの違いが浮き彫りになる事件だった。

赤旗事件は、集会帰りの社会主義活動家たちと警察官が小競り合いになった事件だ。堺はこのときの様子を以下のように記している。

「一群の青年の間に、赤い、大きな、旗がひるがえされた。(中略)玄関口の方がだいぶん騒がしいので、わたしも急いで降りてみると、赤旗連中はもう表の通りに出て、そこで何か警察官ともみあいをやっていた。わたしが表に飛び出した時には、一人の巡査がだれかの持っている赤旗を無理やり取りあげようとしていた。多くの男女はそれを取られまいとして争っていた。(中略)少し離れた向こうの通りに、そこでもまた、赤旗を中心に、一群の男女と二、三人の巡査が盛んにもみあってい
た」(『赤旗事件の回顧』より)

このとき、堺は制止に飛び回ったが、結局、検挙されることとなった。この集会には、「硬派」「軟派」の両派が参加しており、赤旗を振って挑発行動に出たのは「硬派」の人々であった。ただし、幸徳秋水はこのとき故郷に帰っていて、いなかった。

堺はどちらの派でもないと自称していたが、幸徳らと友人関係が深かったため、軟派側には硬派の一人と目されていたところもある。みずからも、「もし無政府主義が社会主義と別のものであるなら、自分は無政府主義者ではないが、自分は社会主義と無政府主義とを同じものと信じているから、その意味において無政府主義者

と言われてもかまわない」と述べている。だが、これはあくまで消極的肯定であって、堺が無政府主義者ではなく社会主義者なのは間違いない。何度も入獄はしているが、本質的に堺は融和的な社会主義活動家であり、極左的なラディカリズムとは縁遠いキャラクターだと言える。

堺のバランス感覚は、無産政党の組織への尽力と、選挙への出馬というかたちで表れている。29（昭和4）年には、東京市会議員にトップ当選して政治家となった。立候補したときに「市議会を階級闘争の新戦場たらしめよ」という所信を述べている。これは、表玄関から社会変革をしようと試みる姿勢だろう。また、晩年は地元福岡の豊津に農民労働学校を設立し、社会主義思想を教育の現場から広めていった。しかし、31（昭和6）年に脳出血で倒れてからの堺は、狂気じみた状態に陥った。混乱して暴れることもあり、かつての冷静な人格は見る影もなかったと言われている。

なお、堺利彦の娘・堺真柄《さかいまがら》も社会主義思想を持った活動家だった。日本におけるフェミニスト団体の原点のひとつ「赤瀾会《せきらんかい》」の結成に参加し、第二次世界大戦後も女性の視点に立った活動を続けた。

（栗原正和）

1945年―日本社会党結成

横暴な「テロ」は認めない抒情性豊かな社会主義者

時代の荒波をくぐりぬけた

荒畑寒村

あらはた・かんそん●1887年、神奈川生まれ。本名・荒畑勝三。社会主義運動家。戦前は何度も投獄されながらも社会主義の活動を精力的に行い、数多くの盟友を失いつつも生き残り、自由を手に入れた戦後には日本社会党結成に加わり、衆議院議員も二期つとめる。その後は言論を中心に活動した。1981年死去。

繊細さを有する社会主義者

明治末期、若き荒畑寒村は、幸徳秋水や堺利彦の『平民新聞』に感銘を受け、社会主義運動に身を投じる。平民新聞の編集にも携わるようになり、多くの左翼活動家たちとの知己を得ることとなった。

荒畑は和歌山で新聞記者をしていた時代に、管野スガと契りを結ぶ。しかし、荒畑が入獄中、スガは幸徳秋水のもとに走ってしまう。

管野スガと別れた一件は、若き荒畑の心にしこりを残した。奔放な恋愛をいとわない無政府主義的な価値観に対して、荒畑は批判的だった。

のちに、大杉栄が痴情のもつれから神近市子に刺されてケガをした事件についても、荒畑はこう語っている。

「(大杉の) 神近女史に対する態度はとうてい認めるわけにはゆかぬ。他の一切の自由が存しない今日の社会で、恋愛だけが自由である筈はない。平生その生活環境に反抗することを主張している彼が、恋愛の満足のために他人の苦痛や悲哀を顧みないとしたら、アナーキストとはタイラント（暴君）の同義語とならざるを得まい」(『大杉栄逸聞』1963年)

荒畑が、自由を標榜する無政府主義者たちと足並みを揃えて活動することができなかったのも、こうしたところに原因があるのかもしれない。

教条的な共産主義や、自由奔放で暴力的な無政府主義者とは、まったく位相を異にした繊細さを有する社会主義者の典型が、荒畑だと言える。

荒畑は何度も検挙されながら、終戦まで生き抜く。そして日本社会党の結成にも参加し代議士を二期つとめたのち、左翼運動の語り部となった。

浅沼稲次郎が山口二矢に刺殺されたとき、荒畑はテロを批判している。

「一人の浅沼稲次郎を除けば、自分の気にくわぬ思想や運動を阻止しうるという考えは、一人の英雄が出現すれば、一切の弊害が改められ、理想的な制度が出来上るという考えと、表裏一体の迷モウである」(『浅沼君の死をいたむ』1960年)

荒畑は1960年代から70年代の日本のめざましい経済発展を見届けて、80年代初頭に世を去る。93歳の大往生だった。

（栗原正和）

1922年—ギロチン社設立

イラ立つ無政府主義者は死への道を急ぐ

迷える殺意

古田大次郎

ふるた・だいじろう●1900年、東京生まれ。父は陸軍主計官だった。麻布中から早大高等予科・大学部に進むも、幸徳秋水の「社会主義神髄」などに影響を受けて左翼運動を始め、中途退学。22年アナーキスト集団「ギロチン社」を中浜哲とともに創設。強盗略奪・爆弾製造・テロを繰り返し、25年、死刑に処された。

重要人物へのテロ画策

明治末期から大正にかけての無政府主義者たちの運動は、権力による激しい弾圧にさらされた。彼らを勢いづかせてしまうと足元が揺らいでくるという権力者の危機意識が、大逆事件や大杉栄の惨殺といった弾圧に結びついていった。

日本が戦争の道に突き進むなかで、治安維持につとめたのは自然な流れであった。

やがてほとんどの社会主義者・無政府主義者のグループは活動不能に陥っていく。苦しむ抵抗者たちからは、おのずと社会改良への志向よりも破壊的な気分に支配されたテロリストが数多く出現していった。

権力に殺害された大杉栄の側近だった和田久太郎は、復讐のために福田雅太郎大将（関東大震災時の戒厳司令官）暗殺を企て、ピストルで狙撃したが失敗する。この和田や村木源次郎らの無政府主義者グループと協力体制を敷いていたのが、「ギロチン社」の古田大次郎と中浜哲である。

古田と中浜の狙いは、当然、やんごとなき人物へのテロだった。

病弱だった大正天皇にかわり、公務の中心を担っていた摂政宮《せっしょうのみや》（皇太子。のちの昭和天皇）に狙いを定めていた。

しかしこれは実行に至らず、他の権力サイドを対象とした爆弾テロを続々と仕掛けていった。彼らは、本郷本富士警察署や、東海道線の鉄橋に爆弾を仕掛けた。だが、これらは不発に終わる。また、銀座の線路に仕掛けたダイナマイトは爆発したが、人への被害は出なかった。

テロをする資金は、企業に因縁をつけて脅し取る行為によって調達されていた。

こうした行為は、「リャク」と呼ばれ、繰り返された。しかしその大半が遊興費に消えていたという。

また、彼らは強盗にまでも及んでいた。大阪の十五銀行玉造支店小坂派出所で、行員二人からカネを強奪しようとして、乱闘となり、古田は銀行員の一人を刺殺してしまう（小坂事件）。殺人にまで至りながらも、この事件でカネを奪うことはできなかった。

古田をはじめギロチン社のメンバーは24年までにはほとんど逮捕され、壊滅することとなった。そして古田も中浜も死刑に処された。

（栗原正和）

1923年―大杉栄・伊藤野枝虐殺

国家権力によって虐殺されても時代を超越する「眼の男」の声

おおすぎ・さかえ●日本を代表する無政府主義者。1885年、香川生まれ。名古屋の陸軍幼年学校に入学するもケンカ騒ぎを起こして退学。東京外国語学校選科に入学したころより『平民新聞』で執筆をする。1923年、憲兵隊（軍警察）に拘引され、殺害される。

無政府主義者のスーパースター

大杉 栄

女にモテる無政府主義

戦前戦後を通じ、現代に至るまで、大杉栄のファンは多い。そのファン層のほとんどは無政府主義にシンパシーを感じる個人主義者であり、反権力主義者であるのは間違いない。

12人が死刑となった大逆事件（1910年）のさい、大杉は赤旗事件の検挙によって獄中にいたため、弾圧を免れた。その結果、一定期間の言論活動の猶予が与えられたわけだが、所詮は10数年の月日でしかなかった。陸軍憲兵大尉の甘粕正彦以下の暴挙によって、大杉は非業の死を遂げることになるが、その運命のイタズラが、彼を無政府主義者のスーパースターにすることになった。

大杉は女性にモテた。そういうことも、国家権力の反感を買ったのであろう。東京外国語学校（現・東京外語大）を卒業した20歳のころから、親子ほど年の違う女性との同棲生活をしていた。ただし、まだこのころは無政府主義への確信に達してはいない。社会主義という融和的な理念も受け入れるスタンスがあった。

21歳になり、先の女性とは違う女性と、結婚する。その女性は、作家・堀紫山の妹、堀保子である。妻を得て、いったんは安定する大杉だったが、それも10年もたなかった。

30歳のころ、婦人運動家の神近市子と知り合い、深い関係となる。そして翌年には、同じく婦人運動をしていた伊藤野枝と知り合い、関係を結ぶ。伊藤は婦人雑誌『青鞜』で執筆していたフェミニストの先駆者の一人として知られる。彼女は異端の文学者・辻潤と結婚していたが、大杉に乗り換えた。

31歳のとき、大杉の節操のない女性関係に憎悪を抱いた神近市子に、葉山で刺されケガをする。32歳で堀保子と離別し、同年には伊藤野枝との間に子供・魔子が生まれた。痛い目にも遭ってはいるが、女性にモテていた大杉というキャラクターも、後年のファンを増やしていった理由のひとつだろう。

しかし、そんな大杉が、天皇制リゴリズムを主導する国家権力の目障りであったことは間違いない。

神近市子に刺されてマスコミを騒がせたあたりから、大杉が白色テロルの犠牲となるまでのカウントダウンが始まっていたと言っていい。目立つやつは潰すのが、国家権力の体質だからである。

大杉は、23（大正12）年、関東大震災の混乱に乗じて殺害される。14万人以上の死者・行方不明者を出した大震災から、2週間ほど経過した後に、大杉は命を奪われた。殺害したのは憲兵大尉・甘粕正彦、憲兵曹長・森慶次郎らであった。これを甘粕事件という。同時に、伊藤野枝と大杉の甥っ子である橘宗一も殺された。宗一はまだ6歳という幼児だった。3人の死体はムシロに包まれ井戸に放り込まれた。

76（昭和51）年に発見された検死資料が、このときの悲惨さを物語っていた。大杉・伊藤の死体には無数の暴行の痕があり、憎しみを込めたリンチの末に殺害されたことは明白だった。

大杉が支持される理由のひとつに、その容貌もあると思われる。大杉のサルトルのような斜視がかった眼つきは、奇妙な魅力を感じさせるものだ。

甘粕事件の後、過激性を増してテロに走り死刑となった無政府主義者・中浜哲（ギロチン社）の追悼詩が、大杉の眼力を描写している。

「『杉よ！　眼の男よ！』と俺は今、骸骨の前に起つて呼びかける。彼は黙ってる。彼は俺を見て、ニヤリ、ニタリと苦笑してゐる。太い白眼の底一ぱいに、黒い熱涙を漂はして時々、海光のキラメキを放つて俺の顔を射る。（後略）」

大杉は「個人の力」を誰よりも知悉していた。そのため強い個人主義の行使として派手な女性関係を演じる結果になり、厳格な保守主義者たちの反感を買うことになった。

だが、甘粕正彦という軍組織に殉じた男に葬られた大杉の最期は、保守主義や国家に敗北したのではない。敵対する個人が従属していた場所がたまたま、保守の場であり、国家であったというだけの話とも言える。もちろん、だからと言って、甘粕の罪が相対化されるとも思えないのが、多くの大杉ファンの心情ではあろう。（栗原正和）

1923年——虎ノ門事件

皇太子に向けた銃口から青年の心の「退廃」と「雄叫び」が

むなしき凶弾

難波大助

なんば・だいすけ●1899年、山口生まれ。父は議員をつとめる地元の名士。中学時代から学業不振に陥り、旧制高校受験にも失敗し、東京に出て早稲田高等学院に入学。テロリスト志向を強め、1923年、摂政宮を銃撃。摂政宮は無事だった。難波はその場で逮捕され、翌24年、大逆罪で死刑に。

死を覚悟して発砲

1923（大正12）年12月27日、貴族院開院式に向かう途中の摂政宮（皇太子。のちの昭和天皇）の車を、ステッキ銃の凶弾が襲った。しかし、摂政宮は無事だった。即座に取り押さえられた男は、警官にさんざん殴られた挙句、連行されていった。

男は難波大助という青年だった。難波は犯行動機について、13年前に起きた「大逆事件」を引き合いに出した。以下、訊問調書から引用する。

「(大逆事件は)一個のわれわれと同様な人間に過ぎぬ天皇をただ殺さんと陰謀をしたというだけで、いまだなんら実際的な行為に出ずにもかかわらず残忍にも若き24名の命に対し死刑の宣告を下すのは暴虐と言おうか非人道と言おうか、これ以上残念な法律が世界のどこにあるだろうかと言う事を感じた」

また、「皇室が無産者への直接圧迫者でないことは認めます。しかし皇室は無産者へ権力者が加える暴圧の道具でありますゆえに、私は特権階級へ対する厳酷なる警告のひとつとして皇族に対してテロリズムを遂行するものであります」とも言っている。

だが、難波には、自分の学業不振という現状と、東大・京大に進んだ優秀な兄弟への劣等感、極度にケチだった父親への怨みもあった。こうした不満が凶行に結びついたという見方も確かにできる。しかし、訊問調書を通読すると、難波が思想を行動の根拠にしていたことも見えてくる。

精神鑑定をした東京帝大教授・呉秀三は「本人は幻覚および錯覚を有せず妄想と

認むべき固着せる思想もなし、ことに皇室あるいは社会に対して被害的の念を抱くところなく、また自己を特に誇大的に尊重するがごときことなし」と記している。難波は、死を覚悟して発砲に及んだ確信犯だった。

「ごまかしの生活には堪えられなくなったのだ。アナーキストでございい社会主義者でございと大きな顔をして象牙の塔の奥深く閉じ籠り彼らのいわゆる学理を研究するということと汗の革命運動とは何らの関係がない」（弟に宛てた書簡より）

24（大正13）年、大逆罪として難波は死刑になった。

（栗原正和）

１９２３年──朴烈事件

皇太子暗殺計画と「何が私をこうさせたか」

激烈なる恋人たち

朴烈・金子文子

パク・ヨル（和読みで、ぼくれつ）●１９０２年、韓国の慶尚北道生まれ。本名・朴準植。皇太子暗殺計画をしたとして逮捕されるが戦後に釈放。74年死去。／かねこ・ふみこ●１９０３年神奈川生まれ。23年恋人の朴烈とともに同容疑で逮捕。26年獄中で自殺。「何が私をこうさせたか」という儚く激しい手記を遺す。

互いの気性の激しさに惹かれる

１９２３（大正12）年は、無政府主義者たちへの弾圧が最も激しかった年だった。この朴烈事件も、そのひとつに数えられる。朴烈は19（大正８）年、日本の植民地であった朝鮮半島から、来日した。そして社会主義・無政府主義の活動家たちと交流を始める。朴は22（大正11）年に、金子文子と恋に落ちた。金子文子は子供のころに朝鮮半島に住む叔母に養子として引き取られたこともあり、朴烈への民族差別意識は希薄だった。二人はお互いの気性の激しさに惹かれあう。

翌22年、朴と金子は無政府主義者のグループ「不逞社《ふていしゃ》」を組織。ここで摂政宮(皇太子。のちの昭和天皇)の爆弾襲撃を計画したとされ、逮捕された。だが計画は空想的で、現実味が薄かった。

朴烈事件には、関東大震災の際に起きた民衆や官憲による朝鮮人虐殺の実態を隠蔽するための、権力者側の意図がはたらいていたと見る研究者もいる。真偽はわからないが、少なくとも朝鮮人がひどく差別されていたのは間違いない。朴烈が、韓国の京城高等普通学校師範科の学生だった時代の話として、同化政策の実態を供述している。

「全ての学科は日本語を教えるための学科であり、朝鮮人を日本の奴隷とするために用意されたものであった。博物歴史の教師は日本と朝鮮とは同国であり(中略)忠君愛国を説き、日本の天皇の有難いという事を説明したが、俺達には少しも日本の天皇の有難味がわからず興味を引かなかった」

朴と金子はみずからを無政府主義者というよりも虚無主義者であると規定し、法廷で反・天皇制を激烈に主張した。そして26（大正15）年、死刑を言い渡されるが、のちに無期懲役に減刑される。

だが、殺すなら殺せと言わんばかりの虚無主義者にとって、これは不満であり、金子は獄中で首つり自殺した。朴烈は22年の長きにわたって獄中にいたが、日本が敗戦を迎え釈放された。

そして在日コリアン団体・在日本朝鮮居留民団（民団）の初代団長となったあと、韓国に戻る。韓国の初代大統領・李承晩（イ・スンマン）のもとで国務委員もつとめたが、朝鮮戦争の際、北朝鮮に連行されたと言われている。

その後、74（昭和49）年まで生き、北朝鮮で死去したという。


（栗原正和）

1933年――多喜二虐殺事件

殺されて伝説になった「プロレタリア作家」の影響力

小林多喜二

悲劇の「党生活者」

こばやし・たきじ●1903年秋田県生まれ。小説家。幼少のころに北海道・小樽に移住。共産主義の影響を受けたプロレタリア文学の代表的な小説家として知られる。共産党の地下活動の末、33年特高による拷問を受け死亡。享年29。

貧困と向き合い名のある作家へ

三島由紀夫という作家は、ある意味いやらしいほどに計算づくで、自分を伝説にしようとしたともいえる。しかし、権力に殺害された結果、期せずして伝説となった作家もいる。小林多喜二である。

現代においても、日本共産党の支持者・シンパから、小林多喜二は愛されてやまない。三島由紀夫が右翼・民族主義の志向を持っている人から支持されているのと同様に、小林多喜二は左翼・革新を自認する人々にとって、権力による弾圧の悲劇を語り継ぐための大きな存在になっている。

小林多喜二は秋田に生まれたが、すぐに一家で北海道・小樽へと移住する。産業が発展しつつある土地で、多くの労働者たちの姿を見ながら、多喜二は育った。開発工事に駆り出された労働者たちが、タコ部屋から逃げ出してくることも珍しくない環境だった。法整備も整わず、企業倫理も希薄な当時の底辺における労働環境は、きわめて劣悪であり、持てる者と持たざる者の差は、いまどきの格差社会など比べ物にならない状況だった。

貧しさと、働くことの厳しさを目の当たりにしてきた多喜二が、共産主義的な思想に傾いていったのは、自然ななりゆきと言えるだろう。

多喜二は小樽高等商業学校から北海道拓殖銀行に就職するが、この間、小説を書き続ける。そして『一九二八年三月十五日』という小説が大きな反響を呼ぶ。これは治安維持法によって左翼を大弾圧した三・一五事件を題材にした作品だった。１５００人以上が検挙され、拷問による取調べが行われたこの事件は、特高警察の度の過ぎた権力行使を決定づける事件であった。以降、特高では殴る蹴るどころか、女性活動家への性的拷問さえ行われたという。

のちに代表作と言われるようになる『蟹工船』を発表したのが1929（昭和4）年の5月だった。これは蟹工船に乗った労働者の置かれた厳しい状況を描き出し、資本家や軍の権力構造にも迫ったものとして、前作を上回る反響となる。『蟹工船』は、発禁になったにもかかわらず、改訂版などの抜け道を通じてベストセラーになった。こうして多喜二は高名を得ることとなり、プロレタリア芸術ムーヴメントの中心に飛び込んでいく。さらに、非合法だった共産党シンパとしての政治活動にも足を踏み入れていった。

多喜二は、30（昭和5）年に逮捕され、治安維持法違反・不敬罪で起訴された。翌年には保釈で出獄することとなるが、10月には共産党へ正式に入党する。32（昭和7）年からは、宮本顕治らとともに、東京で地下活動に入っていった。蔵原惟人や中野重治といったプロレタリア文学の作家たちが続々と検挙されていくなか、多喜二は共産党活動を粘り強く続けようとした。この時期の体験が、のちに発表される作品『党生活者』に反映されている。

そして33（昭和８）年２月20日。多喜二は警察官にとらえられ、築地署に拘引されることとなる。多喜二は取調べを受けるさい、偽名を語った。だが、本人だと判明すると、開き直って反抗的な態度に変わった。名のある作家への、過酷な取調べが始まることになった。水谷龍亮主任、芦田辰治巡査、須田雅六巡査、山口源司巡査、小沢果巡査らが、取調官だった。

彼らの拷問が、残酷なものであったのは言うまでもない。木刀やステッキも使用されて、殴る蹴るの暴行が加えられた。翌日、多喜二は遺体となって杉並の馬橋の家に運ばれることとなる。死因は、心臓麻痺だと発表された。

治安維持法による左翼勢力への弾圧には、天皇制国家を守るためという大義があった。だが、現場で拷問をした特高の警察官の職務意識がどのようなものだったかは、うかがい知れない。特高警察官が真剣に国体護持を標榜していたなら、天皇に来ていただいて、「御前拷問ショー」でも演じてみればよかったのではなかろうか。自分のやっている拷問に、確信と意味を心底から見出していたなら、天皇の視線も気にはならなかったはずである。密室で被疑者を拷問死に追い込む警察官の心理は、底辺の権力者の醜い特権意識でしかない。多喜二の死は、横暴な権力の犠牲として、象徴的な出来事であった。

（栗原正和）

1933年―日本共産党スパイ査問事件

共産党のタブー リンチで仲間を殺害か⁉

みやもと・けんじ●1908年山口県生まれ。共産主義者、通称ミヤケン。戦前の非合法政党時代からの日本共産党の活動家であり、戦後、1958年に党の書記長に就任してから40年間、日本共産党を指導した。

共産党の絶対的権力者

宮本顕治

戦前、日本共産党は1928（昭和3）年3月15日の三・一五事件、翌年4月16日の四・一六事件で壊滅的打撃を受けた。三・一五事件では共産党員が1500名以上検挙され、四・一六事件でも700名を超える共産党員が検挙された。

さらに28年に施行された治安維持法の改正により、死刑や無期懲役の極刑も可能になり、非合法の共産党への弾圧は壮絶なものとなった。

宮本顕治が共産党へ入党したのは31年であった。当時の共産党は度重なる弾圧で組織はガタガタであり、警察のスパイが組織に入り込んでいた。

スパイの暗躍で、共産党の組織内では、疑心暗鬼の党員たちによるスパイの摘発と自白を強要するリンチが繰り返されていたという。

このような状態のときに宮本が首班とされた日本共産党スパイ査問事件が起きている。

1933（昭和8）年12月26日、共産党員の宮本は路上で逮捕されたが、警察による取り調べに対して、黙秘を続けていた。その警察に、保護された共産党員である大泉兼蔵が現れたのだ。

その三日前、大泉と小畑達夫のふたりは宮本をはじめとした他の共産党員から警察のスパイとして疑われ、渋谷のアジトに呼び出された。そして、口を割らせるために査問という名の拷問を受けたのだ。手足を針金で縛られ、棍棒で殴られ、キリで股を突き刺され、硫酸をかけたりした拷問は凄惨を極めた。

小畑達夫は、この拷問によって命を落としてしまう。そして、小畑の遺体はアジトの床下に埋められた。

一方、大泉は、不審な騒音に気づいたアジト近くの住民による通報で、駆け付けた巡査によって助け出されたのだ。

大泉の自白によって、アジトから小畑の遺体は発見され、宮本は治安維持法違反、傷害致死、死体遺棄などの罪で逮捕された。

小畑の死は外傷性ショックとされたが、宮本は外傷がどこにもなかったと拷問を否定している。そのためか、宮本は殺人罪に問われることなく無期懲役で牢獄に収監されることになった。

40年間共産党のトップに君臨した宮本顕治

これが日本共産党スパイ査問事件の概要である。戦前の激しい赤狩りを契機にした自滅といえる。

戦後も左翼陣営は、新左翼が内ゲバを絶えず繰り返した。その過程で多くの活動家がリンチを受け死亡し重傷を負った。赤軍派によるあさま山荘事件でも、その前からリンチによって多くの仲間を殺している。

リンチが横行し、仲間まで殺してしまうのは、相手を許容することのできない左翼の体質なのかもしれない。少しの違いでも相手を排除してしまう。右翼では仲間内で殺し合うケースはそれほど多くない。

スターリンが反対派を粛正し、暗殺者を派遣して、反対派の首領であったトロツキーを殺したことは有名である。スターリンは、少しでも敵対した者は虐殺し、シベリア送りにした。その数は数百万人ともいわれている。

毛沢東も文化大革命で反対派の数百万人を殺している。毛沢東の親衛隊であった紅衛兵をつかい、毛沢東と対立し政権を担っていた実権派を呼ばれる幹部を追い落とし集団リンチの上、虐殺した。

宮本は、無期懲役になったが、戦後、GHQの民主化政策の下、恩赦によって釈放された。その後、ソ連のコミンフォルムの方針に従い、徳田球一、野坂参三などの共産党主流派と対立した。宮本たちは国際派と呼ばれ反主流であったが、党内闘争に勝って、共産党のトップに上り詰める。

宮本は、1958年に日本共産党のトップである書記長になると、その後40年間、君臨し続けたのである。

(九鬼 淳)

1950年―日本共産党の分裂

コミンフォルムの指示を巡って所感派と国際派が対立

徳田球一

所感派のリーダー

とくだ・きゅういち●1894年沖縄県生まれ。共産主義者、革命家。戦前の非合法政党時代から戦後初期に至るまでの日本共産党の代表的活動家で、戦後初代の書記長を務めた。徳球の愛称で知られ、衆議院議員を3期務めている。

1950（昭和25）年、コミンフォルムから日本共産党に指令が降りた。内容は、日本共産党が、GHQを日本を解放した組織として肯定し、人民の敵とみなしていなことへの批判と、武装闘争へ方針転換を求めるものだった。

コミンフォルムとは、ソ連共産党がつくった国際共産主義運動の組織である。それまではコミンテルンと呼ばれていたが名称が変わった。

当時の日本共産党のトップは徳田球一だった。45年12月の第4回日本共産党大会で書記長に選出され、翌年の衆議院選挙に当選していた。

徳田は20年の日本社会主義同盟に参加し、ソ連のモスクワで開かれた極東諸民族大会にも出席した古参の共産党員で、22年の共産党の結党に携わった筋金入りの共産主義者だった。彼は、共産党員が一斉に逮捕された28年の三・一五事件の直前に治安維持法で捕まっている。その後、戦前、戦中を通じて刑務所で18年間を過ごし、終戦でGHQによって解放された。

終戦直後のGHQは、戦争を起こした日本の国家体制を民主化するため、共産党を肯定的に評価し、党勢の拡大を支援した。終戦直後はGHQと日本共産党は蜜月だったのだ。

そもそも、ソ連とアメリカも、日独伊の三国同盟と対立した同じ連合軍だったから、日本においてGHQと共産党が蜜月であっても何ら不思議はない。

GHQと日本共産党の蜜月は終わった

しかし、東西冷戦がはじまると、資本主義の盟主であるアメリカと、社会主義の盟主であるソ連は敵対し、軍事的角逐も起きるようになる。日本においても、GHQの民主化政策が180度転換し、共産党が中心になって主導した47年の二・一ゼネストは中止に追い込まれ、日本各地で共産党員への弾圧が始まっていた。

49年には、国鉄三大ミステリーと呼ばれる共産党員を狙い撃ちにした、下山事件、三鷹事件、松川事件が起きている。50年のコミンフォルムからの批判・指令が降りるときには、すでに、GHQと日本共産党の蜜月は終わっていたのだ。

徳田球一共産党指導部は、コミンフォルムに対して、日本共産党はGHQと大衆行動や労働運動を通して闘っている所感の文書を送った。

一方、宮本顕治や袴田里見らは、コミンフォルムの批判と指示を受け入れ、武装闘争へと舵を切っていた。彼らは国際共産主義運動を担うコミンフォルムの指示を受け入れたので、国際派と呼ばれるようになる。

これに対して、徳田などの共産党の指導部はコミンフォルムへ所感の文書を送ったので、所感派と呼ばれた。ここから国際派と所感派の対立がはじまった。国際派はコミンフォルムの支持を受け武装闘争を展開。しかし、大した武器がないため、すぐに鎮圧されてしまうが、それでも勢力は拡大していった。

所感派の徳田は、建国したばかりの中国共産党の支持を得るべく、北京に飛んで弁明と説得をし、中国共産党を通じてモスクワのコミンフォルムに武装闘争をすることを誓って味方にした。コミンフォルムを味方にした所感派の徳田は、武装闘争を展開すると同時に、コミンフォルムの支持に従っていた国際派に左遷人事を強行。宮本は地方組織に飛ばされてしまう。コミンフォルムの指示に従っていなかった所感派が、なぜかコミンフォルムの支持を得て、コミンフォルムの指示に従っていた国際派を弾圧するという、わけのわからない状況に、共産党は陥っていた。

さらに、共産党の武装闘争による事件が頻発し（その中にはフレームアップと呼ばれる権力側による事件の過大演出もあった）、共産党幹部は検挙の対象となった。そのため、徳田たち指導部は地下に潜り中国へ逃げたが、地方に左遷されていた宮本らは、逆に共産党内で主要な地位を占めるようになった。

コミンフォルムの一貫しない指導と、武装闘争という日本の国内情勢に合わない方針によって、日本共産党はガタガタになってしまったのだ。

ガタガタになった共産党の指導に翻弄されたのは、多くの共産党員であった。彼らは山村工作隊という中国共産党の長征にまねた農村での武装集団を作る活動をさせられた。もちろん、日本の保守的な農村で、そのような武装集団を作ることなど不可能。山に向かった共産党員は、ほとんど活動できず孤立するだけだった。

徳田球一の死と武装闘争の終わり

中国に逃れた徳田球一は、その後、中国の北京に亡命。徳田はその時、すでに糖尿病による合併症で余命数年の命だった。

52年9月、徳田は意識不明になり緊急入院。そして53年、脳細胞血管の麻痺のため死亡。しかし、その死は55年まで秘匿された。

53年3月5日、ソ連の最高指導者であるスターリンが死に、東西対立の焦点だった朝鮮戦争も7月27日に休戦を迎えた。この2つの事件をきっかけに、コミンフォルムは方針を変え、実質的に日本の武装闘争路線を終わらせた。結局、コミンフォルムに共産党員は翻弄されただけだったのだ。

55年、徳田球一の死が伝えられると、日本共産党は第6回全国協議会（六全協）で、分派活動の責任を負わせて徳田を断罪し、武装闘争放棄を決定した。

（九鬼 淳）

1948年―カニの横ばい拒否事件

部落解放運動を担ってきた矜持

部落解放の父

松本治一郎

まつもと・じいちろう●1887年、福岡県生まれ。元参議院副議長。実業家。部落解放運動を草創期から指導し、部落解放同盟からは「部落解放の父」と呼ばれる。堂々たる顎髭の風貌から「オヤジ」と呼ばれ親しまれた。

「カニの横ばい拒否事件」は、1948（昭和23）年1月21日、参議院初代副議長だった松本治一郎が、天皇への拝謁を拒否した事件である。

天皇への拝謁は、天皇に尻を見せることは不敬にあたるということで、拝謁を終えた人は、尻を壁側にして横歩きで退出することが慣例であった。

この歩き方を松本は「カニの横ばい」と揶揄《やゆ》し、人間のやることではないと天皇への拝謁自体を拒否した。拒否は部落解放運動を担ってきた松本の矜持であった。

松本は拝謁拒否について、こう述べている。

「人間としての礼儀は尽すべきであるが、拝謁というような封建的、旧憲法時代そのままに、人間が人間を拝むというような形式一点張りの礼儀はばかげたこと」

彼は、天皇拝謁を拒否するだけでなく、1月28日の宮中講書始《こうしょはじめ》、歌会始《うたかいはじめ》の儀式への出席も拒否している。

差別で卒業できなかった中学

松本は福岡県筑紫郡豊平村（現・福岡市）の部落に生まれた。両親は、農業のほかに桐材や竹皮の問屋を営み、部落の中では比較的裕福な家であった。

しかし、松本は、高等小学校を卒業して、私塾の粕屋学園で学んでいる。そして京都の旧制干城中学に入るが、ひどい差別にあっている。さらに、その後上京して入った旧制錦城中学でも、部落民として差別といじめにあった。そのため、どこも卒業することができなかった。

このことが、松本を部落解放運動に突き進ませる大きなきっかけになった。

20代前半に中国を放浪した松本は、日本総領事によって強制送還されると、兄の経営する土建業を手伝いながら、自ら土建業の松本組を創設した。

一方、松本は部落の解放をめざす「大容社」を組織。さらに、1921年、福岡県知事が、筑前の旧黒田藩主300年祭の費用を、部落民からも強制的に徴収しようとすると、「筑前叫革団」を立ち上げ反対運動を起こした。

この運動は成功し、任意の寄付に改めさせた。

22年に全国水平社が創立されると、翌年全九州水平社を結成、委員長に選ばれている。その後、翼賛体制会推薦で衆議院議員に当選している。

戦後になると、松本は翼賛体制会推薦で議員になっていることを理由に公職を追放されてしまう。しかし、GHQが日本政府に「松本は民主主義者だから追放を解除せよ」と通告し、公職に復帰させせている。

清濁併せ呑む人物

松本という人間を見るときに、もうひとつの顔である実業家としての側面を忘れてはいけない。そこではヤクザまがいの行為もあった。福岡で土建業の松本組を営んでいるとき、敵対する組に乗り込んで、家屋を滅茶苦茶に破壊している。

戦後は、GHQ相手の特殊慰安施設協会の経営の一部を握っていた。これは、米兵専用の風俗店である。松本にとって金のなる木でもあった。松本は「女は買わない」と明言していたようだが、「売る」ことはしている。

ただし、米兵の性欲のはけ口がないと、一般の日本女性が襲われかねないという危惧もあって特殊慰安施設はできたので、一概に金もうけだけの施設とはいえなかったが……。

松本はGHQともつながっていたようだ。すでに書いたように、公職追放もGHQによって解除されている。また、カニの横ばい拒否事件のときも、GHQ民政局は、「松本参議院副議長の拝謁拒否事件を騒ぎ立てるのは、新憲法の精神にそぐわないものと思う。天皇はすでに一昨年の元旦に人間宣言を行っていることを忘れてはならない」との談話を発表し、松本の行動を支持した。

松本の資金力は大きく、社会党左派の平和同志会の領袖をつとめていたが、社会党のスポンサーでもあった。行動力も人一倍激しく、批判も多かった。

清濁併せ呑む人物であったのだろう。

（九鬼 淳）

1960年―山口二矢に刺殺される
命取りになった「アメリカ帝国主義は日中共同の敵」

日本社会党右派
浅沼稲次郎

あさぬま　いねじろう●1898年、東京生まれ。日本社会党書記長、委員長を歴任。巨体と大きな声で精力的に遊説する姿から「演説百姓」「人間機関車」と呼ばれ、「ヌマさん」の愛称で親しまれた。

1960年10月12日、演説会場で、元大日本愛国党の党員である山口二矢《おとや》に刺殺されたのが浅沼稲次郎。そのため、浅沼稲次郎はゴリゴリの左翼であると思われている。浅沼が殺された理由は「アメリカ帝国主義は、日中共同の敵」と発言したからだ。反米発言と捉えられ、右翼の攻撃の的となった。

この発言は、浅沼が訪中したときに話した内容であるが、起草したのは社会主義協会派のブレーンであったといわれている。浅沼が殺された1960年ごろの社会党は、議会を通じて社会主義革命を起こそうという左派の社会主義協会派が、ブレーンの役目を果たしていた。

そのため、社会党の委員長や国会議員の演説内容は、社会主義協会派のものが書いていたのだ。委員長や国会議員は、それをほぼ読み上げるだけであった。なおかつ、訪中ともなれば、中国へのリップサービスもあっただろう。どうしても、反米的な言説が表に出てしまう。

弱いものへのシンパシーを持っていた浅沼

浅沼自身は社会主義協会派ではない。彼は右派であったが、左派に対しても、一定の共感をいだいていた。

浅沼は大正デモクラシーが時代を覆っていたころ、早稲田大学に進学し建設者同盟という学生の社会主義グループを作った。早稲田に進学したのは政治家を志していたからだ。

名家の庶子として生まれた浅沼だったが、父親が勧める実業家や医者の道を拒否して政治家の道を選んだ。早稲田に進学したころは、「学園を軍閥の手に渡すな！」と、右派の学生たちと対立し、乱闘も経験している。

その後も、労働争議や農民争議にかかわり、巨体とエネルギッシュな行動で、闘いの先頭に立っていた。浅沼のパトス（情熱）は左派に彩られていたといえよう。さらにいえば、浅沼の心情は弱いものへのシンパシーであったと思われる。

しかし、ロゴス（理論）は違っていた。

浅沼は1925（大正14）年に無産政党の農民労働党ができると書記長に抜擢されるが、3時間で、警視庁より解散を命じられてしまう。翌年、労働農民党が結成されるが、3つに分裂すると、中間派の日本労農党に所属するようになる。

国家社会主義的考え方を支持

さらに、分裂していた無産政党が統一され社会大衆党ができると、彼は書記長の麻生久《あそうひさし》に心酔し、麻生が唱える軍部とともに社会改革をすすめる国家社会主義的な考え方を支持した。

浅沼はその後、衆議院議員に当選するが、議員である斎藤隆夫が、政府・軍部批判の「反軍演説」をすると、斎藤の除名に賛成している。

浅沼の心は右と左の間で揺れ動いていた。

戦後になっても、社会党の中間派に位置して、左右に分裂したときは社会党を一つにまとめようとしている。1951年のサンフランシスコ講和条約では、右派が講和条約賛成、日米安保条約賛成、左派が講和条約反対、日米安保条約反対であったところ、浅沼は講和条約賛成、日米安保条約反対で、左右を統一させようとしていたが、結局左右に分裂してしまう。

左右に分裂した社会党で、浅沼は右派社会党の書記長になり、55年の社会党の再統一でも、書記長に就任している。

思想的にぐらついているといえば、そのとおりだが、弱いものが報われる、働く労働者や農民が報われる、そんな社会を浅沼は目指し、それ以外はたいしたことではないと思っていたのではないだろうか。

浅沼は昭和天皇の崇拝者であり、戦後、昭和天皇を揶揄した記者に、烈火のごとく怒ったという。浅沼が若いときに、井上日召などの右翼思想に触れていたら、右翼の活動家になっていたかもしれない。


（九鬼 淳）

1959年——三池闘争

社会主義協会向坂派のイデオローグ

社会党左派の理論的支柱

向坂逸郎

さきさか・いつろう●1897年、福岡県生まれ。日本のマルクス経済学者であり社会主義思想家。九州大学教授。社会党内の最大派閥「社会主義協会」を創設し代表を務め、社会党左派の理論的支柱となった。

社会党の興亡の歴史は、社会主義協会の興亡の歴史といっていいかもしれない。社会主義協会を1951（昭和26）年に山川均らと創設したのが向坂逸郎である。向坂の考え方は、議会で社会党などの社会主義政党が多数派を占め、政権を奪取。その後、ソ連をバックに社会主義国になっていくという道筋を描いていた。

彼の名声を高めたのが三池闘争である。

自腹を切ってつくった「向坂教室」

戦後間もない1947（昭和22）年頃から、向坂は三井三池炭鉱の労働者のもとへ『資本論』を持ってオルグに行った。そして、弟子たちと共に三池炭鉱労働組合内に「向坂教室」をつくり、炭鉱労働者の階級的教育を指導した。向坂は、この向坂教室を開くために、かなりの費用を自ら負担したといわれている。

三池闘争では、53年と59年に、炭鉱労働者がストを決行している。53年の闘争は指名解雇に反対した闘いで、「英雄なき113日のたたかい」といわれ、最終的に経営側が指名解雇を断念し、労働者側が勝利した。これを牽引したのが向坂に学んだ活動家たちだった。

しかし、実際は、指名されたかなりの労働者が闘争の過程で脱落し、それによって経営側は、狙っていた不採算炭鉱の坑道を閉鎖することに成功している。

それでも、53年の戦いに勝利することで、向坂の影響力は高まり、59年から60年にかけて闘った三池闘争では、向坂門下の活動家が主導権を握って、無期限ストを決行した。しかし、この闘いは労働者側の完全な敗北に終わった。

敗北したが、社会党内での向坂の影響力は拡大していった。67年になると、社会主義協会が分裂し運動を重視する太田派と、理論研究と組織化を重視する向坂派に分かれる。両者は激しく対立するが、向坂派の方が社会党内で力を持つようになり、党大会の代議士数では多数派を占めるようになった。

68年には、向坂は「社会主義協会テーゼ」をまとめている。

しかし、向坂のピークはここまでだった。彼はソ連に対する幻想を断ち切ることができず、68年のプラハの春への軍事介入でも、79年のアフガニスタン侵攻でも、ソ連のクレムリンを擁護した。その間にも弟子たちを東欧やソ連に派遣し、社会主義の幻想をまき散らしたのだ。

それにつれて、社会党の勢いも衰えていく。同時に、社会党の中では、労働運動の場面では労使協調型で、政治的には革命を志向しない西欧型の社会民主主義者が増えていった。

政治活動を禁じられた社会主義協会

74年には社会党内の実力者で向坂と蜜月だった佐々木更三が、向坂から西欧型の社会民主主義者であった江田三郎に鞍替えすると、社会党内での向坂の地位も揺らいでくるようになった。

77年の党大会で、当時、社会党の副委員長だった江田を社会主義協会の向坂派が糾弾すると、江田は社会党を離党し社会市民連合を結成。しかし、その直後、江田は急死してしまう。

78年、社会主義協会は江田の離党の責任を取る形で、政治活動はしない理論研究の会と規定され、手足をもがれてしまう。

これ以降、社会党は、土井たか子のおたかさんブームや自社さきがけ連立政権で村山富市総理大臣を生み出すが、村山が総理を辞めた直後の1996年に、社会党の党名を破棄、日本社会党は消滅した。社会主義協会という理論的支柱をなくした社会党は、労働組合を支持基盤にしただけの党になっていたのだ。その労組も社会主義協会の活動家が支えていた。社会主義協会のパワーが落ちれば、集票の頼りはムーブメントでしかなくなる。ブームが去れば、消えていくのは仕方なかっただろう。

ちなみに、向坂逸郎は85年に亡くなっている。膨大なマルクス関係の書物を残したが、社会党への影響力は、まったくなくなっていた。


（九鬼 淳）

１９５７年──革命的共産主義者同盟結成

陰謀論者になったトロツキスト

第一次革共同メンバー

太田　龍

おおた・りゅう●１９３０年、樺太生まれ。本名、栗原登一。元日本革命的共産主義者同盟第四インターナショナル日本支部委員長。共産党員、革共同同盟員、アイヌ解放論者、エコロジスト、陰謀論者でもある。

トンデモない人である。共産党員としてスタートし、当初は日本革命的共産主義者同盟（革共同）で黒田寛一とともに活動したが、最終的には陰謀論者になってベンジャミン・フルフォードと共著まで出した人物である。

ちなみに、左翼活動をしていたころの名前は太田竜。陰謀論にはまってからは太田龍に「リュウ」の字を替えている。

あまりに変わりすぎの思想

彼の遍歴は、細かいところを除けば、共産党員からスタート、続いて革共同の同盟員から、分裂を経て第四インターナショナル日本支部委員長に、その後アイヌ解放論者からエコロジストになり、最後は陰謀論者となる。

最晩年は、人類は爬虫類人的異星人に支配されているという説を唱えていたというが、ここまでくると、通常の人の理解を超えすぎていてわからない。

共産党員から革共同の同盟員になるのはわかる。同じ革共同の仲間だった黒田寛一も共産党員ではなかったがシンパであったし、本多延嘉は共産党員だった。共産党員であっても、スターリンの独裁体制を知れば、アンチを抱くのは当然だろう。

ただし、その後の変遷は衝動的すぎる。太田は、第四インターナショナルの第五回世界大会に参加して日本社会党への加入戦術を教授されると、機関決定を待たず、すぐに取り組んでしまう。

これによって革共同の仲間から批判を受け、たもとを分かつことになる。そして、第四インターナショナル日本支部をつくって委員長になるが、それも数年でやめている。革共同の仲間だった黒田寛一と比べると、腰の据わり方が全然違う。性格的にも合わなかっただろう。

ちなみに、第四インターナショナルとは、スターリンによってソ連から追い出されたトロッキーがつくった世界的な革命組織のこと。スターリンの一国社会主義論にたいして、世界永続革命を唱えた。そして、トロッキーは、レーニンのつくった第三インターナショナルを引き継ぐ意味で第四インターナショナルと名付けた。

話をもどそう。続いて太田はアイヌ解放論者になるのだが、その前に太田の革命論を見ておくと、その後の太田の行動がわかりやすい。彼の革命論は、かなり稚拙で、扇動して大衆を目覚めさせるという非常に単純なものだった。

その理論に基づいて、立川の米軍基地に乗り込んで活動家が鉄砲に撃たれて死ねば大衆は立ち上がるとして、立川の米軍基地にデモを仕掛けた。アイヌ解放では、シャクシャイン像に刻まれた北海道知事の名前を削り取ったりしたが、そんなことで大衆が立ち上がることはない。

ちなみに、シャクシャインはアイヌ部族の長で、松前藩および幕府軍と戦ったアイヌの英雄である。

「東アジア反日武装戦線」の指導者⁉

結局、彼の左翼としての活動は実を結ぶことはなかったが、思わぬ副産物を生んだ。それが、「東アジア反日武装戦線」の連続爆破事件である。

この事件を起こした連中がバイブルとしていたのが太田の革命論であった。太田も、この組織に関わっているのではないかと疑われたが、捜査の結果、まったくのシロであることがわかった。

その後、エコロジストになって過激な行動に出るが、それも実を結ばず、最終的には陰謀論者になった。ユダヤ人陰謀論や国際金融陰謀論を唱えた。

こうやって経歴を見ていくと、太田は奇人といえば奇人だが、その過激派として最先端に飛びついているとはいえる。共産主義、少数民族の解放、エコロジー、陰謀論。すべてが左翼とはいいづらいが、反体制であることは変わらない。ただし、行動が短絡的すぎて、誰もついていけないのが致命的欠点であった。

（九鬼 淳）

1963年——革共同第三次分裂

「革命的暴力」では解けなかった現実

反帝、反スタのカリスマ

黒田寛一

くろだ・かんいち●1927年、東京都生まれ。日本革命的共産主義者同盟革命的マルクス主義派（革マル派）の最高指導者。「反帝国主義、反スターリン主義」を定式化し、提唱した。通称クロカン。

1991（平成3）年、ソ連邦が崩壊したとき、革マル派や中核派が健全でいたら、もしかすると、世界の状況は一変していたかもしれない。ソ連をいち早くスターリニズム国家として批判したのが、黒田寛一である。

しかし、その後の革マル派と中核派の血で血を洗う内ゲバで、両党派の支持基盤は、ごく限られたものになってしまっていた。

革マル派とは、日本革命的共産主義者同盟革命的マルクス主義派のことであり、中核派とは、革命的共産主義者同盟全国委員会（中核派）のことである。

革マル派の最高指導者である黒田は、若くして感染症による後遺症で目が不自由になり、活動家の初期のときは、多少なりとも視力はあったが、後年になると、ほとんど視力はなくなっていた。そのため、集会での黒田の発言は、ほとんどカセットテープから流れる声であった。

黒田は活動家というより、思想家であった。『ヘーゲルとマルクス』、『社会観の探求』などの、マルクスの『経済学・哲学草稿』を基礎とした著作で展開される疎外論や労働論に、多くの学生や知識人、活動家から支持を得た。

反帝国主義、反スターリニズム

革共同のきっかけは、１９５６（昭和31）年に起きた。この年、共産圏では大事件が起きている。ソ連のトップである書記長のフルシチョフが、ソ連共産党の第20回党大会でスターリンを独裁者であったと批判したのだ。それは偉大なる社会主義の父として崇められていたスターリンの本性を暴露したものだった。

フルシチョフのスターリン批判は、公開された大会の後に、秘密報告として発表されたが、またたくまに各国に広がった。

続いて、東欧でハンガリー動乱が起きた。これには世界中の共産主義者が衝撃を受けた。フルシチョフのスターリン批判を受けて自由と民主主義を求めたハンガリー人民が、ソ連の派遣した戦車によって蹂躙《じゅうりん》されたからだ。

このとき、日本の地にいながら、ソ連は社会主義国ではなく、独裁と一国社会主義のスターリニズム国家であると批判したのが黒田であった。そして、フルシチョフも、スターリニストでしかないと批判した。

黒田は、『スターリン主義批判の基礎』や『現代における平和と革命』を著し、帝国主義と共にスターリニズムも打倒しなければ、世界革命は成功しないと主張した。

この主張に、多くの学生や労働者が影響を受け、「反帝国主義、反スターリニズム（反帝、反スタ）」というスローガンは流布していくことになる。

だが、黒田寛一らが組織した革共同は第一次分裂後、1963年に革マル派と中核派に分裂する。この二つの党派の対立は、革命路線をめぐる考え方の違いからはじまった。「組織の革マル、運動の中核」。二つの党派の特徴を端的に表した言葉であるが、この違いが血で血を洗う抗争にまで発展するのが、革命闘争の一般人には理解しがたいところである。

最初は理論的対立でしかなかったが、両組織とも大きくなるにつれ、暴力的対立に発展していく。初期の頃の暴力はデモ隊同士が並列で行進しているとき、一方の党派のデモ隊が体を寄せて、もう一方の党派のデモ隊を道のわきにある小川に落とすという程度の、その後の殺し合いに比べれば、可愛らしいものだった。

暴力もこの程度で終わっていればよかったが、その後、組織防衛のためにケバ棒が登場し、さらに、鉄パイプをつかっての叩き合いになる。人を殺せるような武器が出てくれば、いずれ、最悪の事態になるのは目に見えていた。

ついに犠牲者が出た

内ゲバの最初の死亡者は、東京教育大学の学生であった革マル派の活動家の海老原俊夫君だった。1970（昭和45）年、8月3日、ちょうど池袋駅で中核派が街頭活動をしているとき、前を通りがかった海老原君を見つけ、そのまま法政大学の校舎の地下に拉致し、激しくリンチを加え殺害した。

この殺害に対して革マル派は、「革命的暴力」で対抗する。革命的暴力とは、組織的・意図的に行うもので、現場で激情に駆られて殺してしまうような、意図しない殺人は単なる暴力でしかない、として、組織的に中核派に対抗していった。

しかし、その革マル派も１９７２年に、早稲田大学で川口大三郎君を殺害してしまう。中核派と同じようにリンチしたうえでの殺人だった。なおかつ、川口君は中核派のごくごく周辺のシンパでしかなく、ほとんど中核派と関係のない、組織的に殺すべき対象でもなかった。

川口君の殺害に対して革マル派の声明は、二転三転するが、最終的には、組織的自覚の足りない未熟な人間の行いであるとして、殺害に関与した５人の警察による逮捕を認めている。

その後も革マル派と中核派の血で血を洗う党派闘争は続くが、一般人から見れば、理解しがたい殺し合いでしかなかった。そのように一般大衆から思われている時点で、革命など起きるはずもなく、彼らの運動は尻すぼみになっていった。もし、内ゲバなど存在しなければ、黒田の卓越したマルクス主義理論はもっと隆盛していたかもしれない。その黒田は２００６年、肝硬変でなくなっている。

（九鬼　淳）

1975年―革マル派に襲撃され死亡

「戦争には戦死者はつきものじゃないか」

天性のアジテーター

本多延嘉

ほんだ・のぶよし●1934年、東京都生まれ。新左翼活動家。革命的共産主義者同盟全国委員会（中核派）の最高指導者。父親は全逓の労働者。共産党の早稲田細胞から一転して反スターリニズムの闘士になる。

最終的には、革マル派との血で血を洗う党派闘争を闘った中核派の最高指導者であった本多延嘉と、革マル派の最高指導者、黒田寛一とは、革命的共産主義者同盟（革共同）全国委員会でともに革命を目指した二人だった。

本多は浅草に育ち、父親は全逓（郵便局の労働組合）の労組員であった。本多は中学生時代から共産党の青年組織である日本民主青年同盟（民青）に加盟し、後に共産党員になっている。進学した早稲田大学では400人いた共産党細胞のリーダーも務めた。共産党のバリバリの活動家であったが、ソ連がハンガリー人民を戦車で蹂躙したハンガリー動乱に衝撃を受け、共産党と決別。スターリニズムを批判する黒田寛一主宰の勉強会「弁証法研究会」に参加した。

蜜月だった黒田と本多

その後、黒田と共に革共同の設立に参加し行動を共にする。初期の革共同の中には、大きくわけて、黒田の「革命的マルクス主義グループ（RMG）」とトロツキーがつくった第四インターナショナルという世界的な革命組織を支持するグループがあった。

本多はRMGの実務を担っており、黒田に非常に近い存在だった。黒田にスパイ容疑がかかり仲間たちから糾弾されたときも、本多は黒田を全面的に擁護した。そして、黒田がスパイ容疑で革共同から排除されると、本多もRMGのメンバーと共に革共同を飛び出し、黒田と共に革命的共産主義者同盟全国委員会を結成した。

このときまで黒田と本多は蜜月だった。

本多は天性のアジテーターで理論面でもしっかりしており、オルガナイザーとしても能力が高かった。黒田も本多を高く評価していた。にもかかわらず、組織論、情勢認識を巡って二人は対立し、１９６３（昭和38）年に分裂してしまう。

黒田は思想家であり、哲学者であった。彼を補佐し、彼の理論を実践できる人物がいなければ、彼の思想は広がることはない。その役目を引き受けていたのが本多である。黒田の思想を自らのものとし、実践に活かし活動していく。

本多がいて黒田の思想は生きるのだし、黒田の思想があって本多の行動も革命的な方向へ導かれていく。車の両輪であったはずだ。

しかし、分裂してしまった。本多が29歳、黒田が36歳。まだ若かった。なおかつ、視力が弱く体も強くなかった黒田は思想家ではあったが、第一線でバリバリ活動するような活動家の経験はほとんどなかった。そのため、現場で苦労している本多の気持ちを、自らに置き換えて理解できるほどの経験が不足していたのだろう。

さらに、新しい組織であるがゆえに、黒田や本多を仲介できるような人物は、組織内にいなかった。ここが新左翼の組織的弱点であった。若すぎたのだ。長老のようなアドバイザーがいれば、対立はなくなっていたかもしれない。

党派闘争を戦争といった本多

その後、本多と黒田は対立し、中核派と革マル派として組織的に激しく闘争を繰り広げることになる。内ゲバがもっとも激しくなった75年、本多は立花隆の質問に答えて、こう話した。「二つの社会的な集団が物理的手段を使って闘争しあう中では、死者が出るのは当然ではないか」「戦争に戦死者はつきものじゃないか」（立花隆『中核VS革マル』より）。

稚拙な論理ではあるが、真実をついている。結局、本多は立花隆のインタビューを受けた年に革マル派によって殺されている。戦争の論理である、指揮している最高司令部を叩けば戦争が終わるという論理を、革マル派は実行した。最高指導者であり、最高司令官の本多を殺したのだ。

しかし、内ゲバは終わらなかった。それは内ゲバが戦争ではなく、理論闘争の果てに起きた私怨の積み重なりであったからだ。本多を殺された中核派は、その恨みを晴らすべく革マル派の活動家を次々と殺していくことになる。

内ゲバは、80年代になって、やっと一方的に革マル派が闘争をやめるまで続いた。

（九鬼 淳）

1974年―ハーグ事件

30年にわたって世界を相手にテロ行動

全共闘のマドンナ

重信房子

しげのぶ・ふさこ●1945年、東京都生まれ。元赤軍派中央委員、日本赤軍の元最高幹部。ハーグ事件の共謀共同正犯として有罪となり、懲役20年の判決を受け、服役していたが、2022年5月28日に刑期満了で出所した。

2022年5月28日、20年の刑期を終えて刑務所を出所してきた重信房子は、感慨をこめて、こう声を発した。「生きて出てきたなあという感じが強くあります」。

重信房子は、1970年代から世界各地で無差別テロを繰り返してきた「日本赤軍のリーダー」であった。

血盟団事件にも関与した右翼団体の門下生だった父親の影響で、早くから思想運動に関わった重信は、「共産主義者同盟赤軍派」の創立メンバーとなる。

赤軍派は塩見孝也が政治局議長で、田宮高麿が軍事委員長であった。彼らは、日本の地だけで革命を起こすのは難しいと考え、すでに社会主義国になっている他国を根拠地にして赤軍派のメンバーに軍事訓練を受けさせ、彼らを世界各地に送り込んで「世界同時革命」を目指す方針を立てた。

この「国際根拠地論」方針で起こしたのが、「よど号」のハイジャックである。ハイジャックを初めて経験した日本政府は、田宮らの要求にこたえ北朝鮮への逃亡をゆるした。

塩見と田宮らがいなくなった赤軍派で、リーダーとなったのは森恒夫であった。重信はこの森と折り合いが悪く、赤軍派と決別して、パレスチナに渡り「日本赤軍」を結成したのだ。

パレスチナに渡ったのは赤軍派の「国際根拠地論」にのっとって行われたもので、「パレスチナ人民解放戦線（ＰＦＬＰ）」などの極左の過激派と連携して、様々な事件を起こした。

様々な過激派のテロに関わった日本赤軍

日本赤軍は、「テルアビブ空港乱射事件」「ドバイ日航機ハイジャック事件」「クアラルンプール事件」などの闘争に関わり、国際テロ組織として指定されている。

重信が事件を指導したものとして、1974（昭和49）年、オランダのフランス大使館を占拠した「ハーグ事件」がある。パスポート偽装で捕まった日本赤軍の仲間を助けるために、大使館の大使らを人質にして交換を要求した事件であった。

日本赤軍は人質交換に成功し、重信は実行犯ではなかったが、国際指名手配を受けた。その後、重信は日本の支援者の力を借りて、偽造パスポートを使って日本に戻ったり、中国に出入国を繰り返したりしていた。

2000年のある日、大阪府警公安第三課の捜査員は、重信の支援者とにらんでいた男を張っていた。すると、男が重信に似た女性と接触したのを確認、女性を尾行。重信の特徴となっていたホクロは確認できなかったが、独特のタバコの吸い方や、飲んだコーヒー缶から採取された指紋が重信一致したことなどから、11月8日、大阪府高槻市において旅券法違反容疑で逮捕した。

これは、テレビの再現放送などで流れたので、知っている人も多いと思う。その後、重信はハーグ事件などの一連の事件への関与は否定したが、メンバーの供述から懲役20年が確定した。

20年の刑期を終えた重信の会見を、『週刊金曜日』はこのように報道している。

「重信氏は過去の闘いについて『人質を取るなど、見ず知らずの無辜の人たちに対しても被害を与えたことがありました。そのことについては古い時代とはいえ、この機会にお詫びします』と頭を下げた。そのうえで『反省の念や好奇心をもって、これからも新しい道でもっともっと生きていきたいと思います』と語った。（中略）最後には『一方の情報、警察情報を鵜呑みにするのではなく、テロリストと呼ばれる人たちはなぜそう呼ばれるのか。そう呼ぶ側の意図をよく読み取っていただきたい』と語った」（『週刊金曜日』オンライン、2022年6月17日）

このときの重信の顔を見ると、赤軍派の田宮が「史上最高の女は重信房子だ」といった面影はほとんど残っていなかった。「全共闘のジャンヌ・ダルク」といわれたふっくらした可愛さは全くなくなって、テロと刑務所暮らしを経た老女闘士の顔になっていた。

（九鬼 淳）

1970年──よど号ハイジャック

逃亡した北朝鮮でも実現できなかった「国際根拠地論」

赤軍派軍事委員長

田宮高麿

たみや・たかまろ●1943年、岩手県生まれ。赤軍派軍事委員長。大阪市立大学第二部で学生運動に参加。ブント内の組織である「共産主義青年同盟」の常任委員長。よど号ハイジャックグループのリーダー。通称「まろ」。

1970年3月31日に起こったよど号ハイジャック事件。その主犯であったのが田宮高麿である。田宮は塩見孝也と共に69年9月に神奈川県三浦市城ヶ島で「共産主義者同盟赤軍派」を結成している。

そのときの政治局議長が塩見で、軍事委員長が田宮だった。

彼らは、過激で無謀な武装蜂起計画を立てる。9月22日に大阪・釜ヶ崎のあいりん地区を拠点に武装蜂起する「大阪戦争」を計画した。しかし、事前に大阪府警に察知され、家宅捜査を受けて47人が検挙されてしまう。

東京では、神田で武装蜂起を計画するが、警察の警備にほぼ阻まれて終わってしまった。

さらに、刃物や鉄パイプ、火炎瓶や爆弾などで武装した部隊が、数台の大型ダンプで首相官邸と警視庁を襲撃し、人質をとって逮捕された活動家を奪還する「11月闘争」を計画する。そのために山梨県の大菩薩峠の山中で軍事訓練を行った。しかし、これも赤軍派のグループの一員と見なされた高校生を警察が尾行し、軍事訓練の場所を突き止め、一網打尽にされてしまう。このときは、53人も検挙されている。

これにこりた塩見と田宮は、日本での武装蜂起は一旦あきらめ方針を変える。赤軍派のメンバーを社会主義国のどこかを根拠地とし、そこで武装訓練を受けさせ、訓練を受けたメンバーを各地に派遣し「世界同時革命」を実現しようとする「国際根拠地論」をもくろんだ。そして行われたのが、よど号ハイジャックである。

よど号のハイジャックは塩見と田宮が中心になって行う予定だったが、塩見が逮捕されてしまったために、田宮が中心となって実行した。

田宮は度胸が据わっていた。赤軍派が持っていた武器のピストルや日本刀はニセモノで、人を殺せるような代物ではなかった。なおかつ爆弾も実験中のモノで、使えるかわからない。それでも田宮は乗客に向かって、

「自分の指揮にしたがえぬもの、殺してくれというものは殺しましょう。これはたんなるコトバではない」（『文藝春秋』70年6月号）

と冷静に、それでいて迫力ある声で脅した。

日本政府は、よど号を、直接北朝鮮に行かせずに、北朝鮮を装った韓国の金浦《キンポ》空港に着陸させ、そこで犯人たちを捕まえようと考えた。しかし、その工作は見破られてしまう。結局、乗客の代わりに山村新治郎運輸政務次官が人質になり北朝鮮へ向かうということで、乗客は解放されたが、田宮ら赤軍派のメンバーは望み通りに北朝鮮に行くことができたのだ。

望郷の念に駆られた田宮高麿

北朝鮮に着いた田宮は、北朝鮮で3カ月ほど軍事訓練ができたら、日本に帰って

武装蜂起の革命を実施するつもりであった。しかし、それは甘い考えだった。

田宮はそのまま北朝鮮に留め置かれ、他のメンバーは北朝鮮による拉致事件にかかわったとして国際指名手配を受けている。

報道写真家として活躍する山本皓一氏は、北朝鮮を7回訪れて、田宮高麿に会っている。

「田宮は当時から、『武装闘争のために北朝鮮かキューバに行って軍事教練を受けるはずだった。それが終われば、日本に帰って軍事革命を行うはずだった。だが、キューバは遠すぎて途中給油が難しいので、北朝鮮を選択した。3カ月くらいで日本に帰るはずだった』と語っていました。『ハイジャックから10年経って、朝鮮で革命を勉強するのはありがたいことなんだけど、日本という舞台で活用することができない。一番それがつらい。我々は日本人なんです。1日も早く日本に帰りたいのが本音だ』とはっきり言っていました」

北朝鮮でチュチェ思想に染まったといわれた田宮であったが、望郷の念は捨てきれなかったのだろうが、それもかなわなかった。田宮は、95年、北朝鮮で心臓まひのため死亡した。


（九鬼 淳）

1972年―連合赤軍リンチ殺人事件

総括の名のもとに革命を「悪夢」に変えた女

連合赤軍の女幹部

永田洋子

ながた・ひろこ●1945年、東京都生まれ。連合赤軍中央委員会副委員長。連合赤軍のリンチ・殺人事件で死刑が確定。しかし、2011年2月5日、執行前に脳腫瘍のため東京拘置所で獄死。

新左翼の運動に、最終的にとどめを刺したのが、連合赤軍によるリンチ殺人事件である。この事件の主犯が永田洋子である。連合赤軍内で総括の名のもとに14人の仲間をリンチの上、殺している。

連合赤軍リンチ殺人事件が報道されると、新左翼への幻想は、一気に冷めた。革マル派と中核派の内ゲバでの死者に続く組織内での粛清には、一般の人から見たら恐怖しか感じない。新左翼の大衆運動に共感を持っていた人たちも、これで一歩引いた状態になってしまった。さらに、マスコミは、内ゲバや粛清を起こす新左翼に過激派のレッテルを貼り、それに日本共産党がニセ「左翼」暴力集団とよんで、より一層近づきがたいものした。

適任者がいなくて指導者になった永田

永田洋子は、1963（昭和38）年に共立薬科大学薬学部に入学。そこで、共産主義者同盟マルクス・レーニン主義派の学生組織である社学同ML派に出会い、活動に参加するようになる。

大学を卒業すると、病院に勤務しながら社学同ML派の分派組織である「警鐘グループ」に入って、女性解放問題やボーナス団体交渉など労働運動の活動に参加していた。その後、組織からの勧めと本人の希望もあって、薬剤師の仕事を辞め、活動に専従するようになる。

警鐘グループの河北三男と川島豪が、日本共産党を除名された毛沢東派のメンバーと「革命左派」を結成すると、永田も参加し、過激な活動にも従事するようになった。そして、指導部が逮捕されると、適任者がいなくなったグループの中で、永田が最高指導者となったのだ。

トップに立った永田は、逮捕された旧指導部を救出するため、警官を射殺した「上赤塚交番襲撃事件」や「真岡銃砲店襲撃事件」を起こすだけでなく、軍事訓練から逃げ出したメンバー二人を粛正・殺害する「印旛沼事件」を起こしている。

このとき、永田は「中核派ですら内ゲバで人を殺しているんだから」といいながら、メンバー二人の粛清を正当化したという。連合赤軍リンチ殺人事件の前兆だった。

この間、永田の革命左派は、共産主義者同盟赤軍派と連携して、「連合赤軍」をつくる。そこで、赤軍派のリーダーだった森恒夫に次ぐナンバー2となった。

掲げられた「農村から都市へ」という終わった方針

連合赤軍の革命方針は、山中で武装革命集団をつくり都市を包囲するというものだった。毛沢東の「農村から都市に出撃する」方針を真似たものだが、成功するわけがない。すでに、1950年代前半の日本共産党が武装闘争をしていたときに失敗していた戦略だから、少し勉強すればわかる。

永田たちは群馬県の山中に山岳ベースという拠点をつくり、そこで軍事訓練をしていた。1972年、永田と森は活動資金調達のため下山したところを警察に発見され逮捕。これによってアジトの山岳ベースが明らかになり、次々とリンチされた遺体が発見された。

永田がリンチした状況はあさま山荘事件で逮捕され、後に出獄したメンバーのひとり加藤倫教が週刊誌で話している。

「女性同志に対する永田の『総括』要求は、このように陰湿なものだった。大小便を垂れ流しにさせたうえ、自分で自分の髪の毛を切らせたりするなど、およそ耐え難い恥辱を味あわせるのが常だった」（『週刊新潮』2002年3月14日号より）

リンチの様子は映画にもなっているので、ここではこれ以上詳しくは書かない。獄中では乙女チックなイラストを描いていたという永田。革命理論に殉じる心は、相手を慮《おもんぱか》る気持ちさえ、押し潰してしまうのだろうか。それとも、人間の一番醜い部分を見せるのであろうか。


（九鬼　淳）

1966年——三里塚闘争

自然と農村を愛した敬虔なキリスト教徒

「成田闘争」の人格的中心

戸村一作

とむら・いっさく●1909年、千葉県生まれ。元成田市議会議員、三里塚・芝山連合空港反対同盟委員長。キリスト教徒で画家、彫刻家。三里塚闘争（成田闘争）の委員長でもあり、人格的中心でもあった。

2025年1月19日の東京新聞の朝刊に「空港反対に身を投じた戸村一作さんをたどる」という記事が掲載された。

そこでは、戸村一作の娘の和代さんが見た、戸村あてに「三里塚・芝山連合空港反対同盟」の委員長を引き受けてもらえないか、農民たち7～8人が打診に来たシーンが掲載されている。

「店（農機具店）に農民ら7～8人が突然訪れ、『委員長をやってほしい』『1週間以内に決断を』と迫った。戸惑う戸村さんに、和代さんは『責任が生じるし、店の客離れも招く』と忠告した」

戸村は1909年、現在の成田市の農機具販売店に生まれた。敬虔なキリスト教徒で、日曜学校では子どもたちに紙芝居で聖書を教え、54年11月には敷地内に教会を新築している。彼が、三里塚・芝山連合空港反対同盟の委員長に推されたのは、熱心なキリスト教徒として地元で信頼を受けていたことも大きかった。

さらに、三里塚・芝山が空港建設用地として閣議決定する前年、空港用地として候補にあがっていた隣の町である現在の富里市での反対運動で、戸村は教会関係者として集会で演説したことがあった。

現在の羽田空港は東京湾に向かって滑走路が延びて、国際便も多く離発着している。しかし、1960年代は海上に滑走路を作る技術がなく、増え続ける国内便と国際便をわける必要が出てきた。そして、国際便の空港用地として現在の成田空港の土地が指定されたのだ。

当初は、三里塚・芝山ではなかったが、他の候補地が反対運動の激化で開発できなくなると、政府は何の説明もなく、三里塚・芝山を空港の用地として決め、強制的に土地を農民から取り上げようとした。それに猛烈に抗議したのが「三里塚・芝山」地域の農民たちだった。

闘うことは生きること

戸村は、娘の和代さんの心配をよそに、委員長を引き受けることにした。そして、戸村は演説のたびに、こう話した。

「闘うことは生きること、生きることは闘うこと、楽しみながら闘う」

そして、三里塚に支援に来た全学連の学生たちに、農民はこう迫った。

「自分たちと同じように体を張って闘うか」

学生たちにも単なる示威行為としての参加をゆるさなかった。農民たちは様々な闘争方法も編み出した。そのひとつに「黄金爆弾」がある。糞尿をビニールに入れて機動隊に投げつけるバクダンだ。

この闘いを牽引したのは「老人行動隊」「婦人行動隊」であった。そして、その闘いの場面にも戸村はいた。彼は機動隊に向かっても、たびたび演説した。

「罪もない農民を棒で殴って、一生を棒に振るような仕事はやめたまえ」

農民たちが鍬や農機具、投石で武装したのは、機動隊員たちからの暴行を防ぐためであった。

現在、成田空港の西側の住宅地に、築70年の小さな木造教会「三里塚教会」がある。戸村が建てた教会だ。戸村がなぜ同盟の活動にのめり込んでいったのか、東京新聞の記者は、三里塚教会の信徒である松本憲造氏から話を聞いている。

「キリストが体制にあらがい民のため十字架にはりつけになったように、土地を奪われようとして苦しむ農民を見捨てられないとの思いがあったのだろう」（東京新聞2025年1月19日付）

戸村は79年11月、悪性リンパ腫で亡くなった。70歳であった。現在、政府は国際空港のメイン機能を成田から羽田に切り替えている。それによって品川の住民は着陸する飛行機の爆音に晒されている。一方、成田は格安航空機の発着場に変わりつつある。そのうち、その機能も羽田に変わっていくかもしれない。

政府は、多くの犠牲を払って出来た成田空港も、必要がなければ捨てることを厭わないだろう。彼らは人の痛みを感じることがあるのだろうか。

（九鬼 淳）

1987年—国鉄民営化
革マルナンバー2が下した決断

松崎 明

鬼の動労をつくった男

まつざき・あきら●1936年、埼玉県生まれ。革マル派副議長。鉄道労連（後にJR総連）副委員長、東鉄労（後のJR東労組）委員長を務め、JR東労組会長、顧問を歴任。事実上JR東労組のトップだった。

2008年ごろだったと思う。松崎明にインタビューしたことがある。その時の内容はほとんど覚えていないが、建物に入って驚いたのは、インタビューする部屋まで行くのに、鉄の厚い扉を、何重も開けて入ったことだ。

その建物はもうない。現在は目黒さつきビルとして新しい建物になっている。

松崎は、インタビューした当時、何をそこまで警戒していたのだろうか。警戒していた相手は、中核派や社青同解放派、それとも、すでに縁が切れていた革マル派だったのだろうか。いまとなってはわからない。

松崎明は、革マル派のナンバー2と言われた人物である。

一般に流布している経歴では、1950年代後半、黒田寛一の革共同に加入し、61年動労青年部を結成、初代青年部長に就任。革共同が分裂すると革マル派の副議長に就任。69年には動労東京地方本部書記長、73年同委員長、85年には動労中央本部委員長に就任している。

松崎は動労青年部の左傾化を促し「鬼の動労」をつくった。70年代のスト権ストを最も戦闘的に闘った労組の中心であった。国鉄の列車を止めまくった男である。

しかし、85年、中曽根内閣による国鉄民営化が本格化すると、いままでの方針を転換、民営化反対の国労に対して賛成に回り、国労を裏切る形になった。そのため86年7月の総評第75回定期大会では、動労に非難が集中。動労は総評を脱退した。

スト権ストでは最も戦闘的で、その後も合理化反対の労働運動だけでなく反戦運動でも最先頭で闘っていたのが、動労だった。中曽根内閣が目指す国鉄民営化は明らかに国鉄の合理化であり、人員整理につながる。いままでの動労だったら、反対していたはずである。なぜ、賛成に回ったのか。

いまでも一般的に言われているのが、労組員の生活を守るためである。民営化に反対すれば、まっさきに人員整理にあうことはわかっていた。だから、賛成に回って人員整理にあったとしても、必ず次の職場を確保してから整理するよう求めたというものだ。これは正しいであろう。労働組合の使命は労働者の生活を守ることだ。

労働組合の右傾化が背景にある

しかし、あまりいわれていないことがある。それは、もう動労と国労の力だけでは、民営化を阻止できない状態にあったことだ。

1980年代前半から、労働組合の全国的な連帯組織であるナショナルセンターの右傾化は進み始めていた。労使協調の民間部門の労組が中心になって、左派を排除したナショナルセンターをつくろうとしていた。

これに対して、そのようなナショナルセンターの設立を阻止しようとしていたのが、動労や国労などの左派の組合であった。しかし、左派の中も分裂していた。共産党系の労組と社会党左派系とはもともと仲が悪く、なかなか統一戦線が組めない。

82年には、そのようななか強行的に、労使協調の民間部門によるナショナルセンターである全日本民間労働組合協議会が発足された。これが母体となってナショナルセンター全体が右傾化し、後々の連合につながっていくことになる。

国鉄民営化は、労働組合のナショナルセンターの右傾化が見えた段階で行われてきた政策であった。国鉄民営化に対して反対するのは、もはや孤立した左派の労働組合だけ。政府が全力をあげて進める政策と闘う力は労働者全体には、もう残っていなかった。動労はナショナルセンターの右傾化に反対していたが、力及ばず敗北。民営化にあたってできることは労働者の生活を守ることだけになってしまった。

松崎明は、このことを十分にわかっていた。わかっていたからこそ、総評や国労から恨まれても、鉄労と一緒になって鉄道労組（後のJR総連）を作り、雇用を守った。苦渋の選択だっただろう。日本全体が右傾化するなかで、どう労働組合を守っていくのか。それを模索しつづけた晩年だった。革マルとの関係は、この過程で切れてしまったといわれる。実際松崎が亡くなった時は、革マル派の機関誌は一切報道しなかった。もし、それでも、つながっていたとしたら、墓場まで秘密をもっていった筋金入りの闘士だったのだろう。

（九鬼 淳）

参考文献

『戦前の国家主義運動史』（三嶺書房）堀幸雄／『三島由紀夫・憂悶の祖国防衛賦』（日本文芸社）山本舜勝／『牢人三浦義一』愛国戦線同盟／『証言昭和維新』（新人物往来社）津久井龍雄／『日本の右翼』（筑摩書房）猪野健治／『異端の右翼』（新人物往来社）津久井龍雄／『影山正治全集　全32巻』影山正治全集刊行会／『証言・昭和維新運動』島津書房編／『憂国の論理』（講談社）保阪正康／『続・現代史資料3　アナーキズム』（みすず書房）／『荒畑寒村著作集5』（平凡社）／『評伝　堺利彦』（オリジン出版センター）林尚男／『近代日本のアナーキズム思想』（吉川弘文館）板垣哲夫／『水平記』（新潮社）高山文彦／『解放の父　松本治一郎』（部落解放同盟中央本部）部落解放同盟中央出版局／『中核VS革マル　上・下』（講談社）立花隆／『内ゲバにみる警備公安警察の犯罪　上・下』（あかね図書販売）玉川信明／『人間機関車・浅沼稲次郎』（講談社）豊穣／『テロルの決算』（文藝春秋）沢木耕太郎／『十六の墓標』（彩流社）永田洋子／『私生きてます』（彩流社）永田洋子／『永田洋子さんへの手紙』（彩流社）坂東国男／『日本赤軍派』（河出書房新社）パトリシア・スタインホフ／『回想田宮高麿』（紫翠会出版）田宮高麿さん追想出版委員会／『祖国と民族を語る』（批評社）田宮高麿、高沢皓司／『蜂起には至らず』（講談社）小嵐九八郎／『日本革命の根本問題』（風媒社）太田竜

／『辺境最深部に向って退却せよ！』（三一書房）太田竜／『私的戦後左翼史』（話の特集）太田竜／『３００人委員会』（ＫＫベストセラーズ）ジョン・コールマン、太田龍／『タヴィストック洗脳研究所』（成甲書房）ジョン・コールマン、太田龍／『中国食人史』（雷韻出版）太田龍／『縄文日本文明一万五千年史序論』（成甲書房）太田龍／『日本共産党の研究』（講談社）立花隆／『反骨』（実業之日本社）夏堀正元／『全協資料　第１巻』（東洋文化社）司法省刑事局／『野坂参三と宮本顕治』（新生出版）佐藤正／『闇の男　野坂参三の百年』（文藝春秋）小林峻一、加藤昭／『野坂参三と伊藤律』（社会運動資料センター）三著出版記念講演会実行委員会／『わが愛わが革命』（講談社）重信房子／『獄中十八年』（現代評論社）野村秋介／『銀河蒼茫』（二十一世紀書院）野村秋介／『世界の〝タブー〟が解る本』（小学館）大薗友和／『赤軍派始末記』（彩流社）塩見孝也／『右翼運動１００年の軌跡』（立花書房）天道是／『わかりやすい極左・右翼・日本共産党用語集』（立花書房）警備研究会／『右翼と左翼』（幻冬舎新書）浅羽通明／『そこが知りたかった「右翼」と「左翼」の謎』（ＰＨＰ文庫）鈴木邦男監修、グループＳＫＩＴ編著／『真説　日本左翼史』（講談社現代新書）池上彰　佐藤優／『激動　日本左翼史』（講談社現代新書）池上彰　佐藤優／『漂流　日本左翼史』（講談社現代新書）池上彰　佐藤優／『黎明　日本左翼史』（講談社現代新書）池上彰　佐藤優／『「右翼」の戦後史』（講談社現代新書）安田浩一

執筆者一覧

那由他一郎（なゆた・いちろう）

1947年大阪生まれ。ナユタ出版会代表。思想国家論は早稲田大学で山路平四郎、卒業後は安岡正篤両氏の感化を受けて、現実社会から浮いてしまったようだ。出版社勤務後、国会議員秘書をやってみたがうまくいかない。残された道は〝右翼正統〟にのっとって農地開墾生活だったが、これは体力がついていかなかった。（『宝島SUGOI文庫　日本の右翼と左翼』より）

本橋信宏（もとはし・のぶひろ）

1956年埼玉県生まれ。ノンフィクション作家。他にも小説、エッセイ、評論などで政治思想からサブカルチャーまで幅広い分野の執筆活動を行う。2019年、『全裸監督　村西とおる伝』（太田出版 2016、新潮文庫 2021）がNetflixでドラマ化。大ヒットを記録。他に『東京最後の異界 鶯谷』（宝島社）、『歌舞伎町アンダーグラウンド』（駒草出版）、『裏本時代』（幻冬舎）など著書多数。

栗原正和（くりはら・まさかず）

1964年東京・板橋区生まれ豊島区育ち。ライター・エディター・ＳＮＳ匿名アクティビスト。紙媒体では主に社会問題や医療系の書籍・ムックに携わる。革共同中核派がかつて公然活動の拠点としていた千早城（前進社）ビルの近辺で少年期から青年期を過ごした。前進社は90年代に江戸川区へ移転し、跡地は現在、国際興業バス池袋車庫となっており、往時の独特な雰囲気は感じられない。

九鬼 淳（くき・じゅん）

フリーライター。専門は人物伝。著書に『知れば知るほど泣ける昭和天皇』『知れば知るほど泣ける昭和の偉人』（共に宝島SUGOI文庫）などがある。

スタッフ
装丁／妹尾善史（landfish）
本文デザイン＆ＤＴＰ／株式会社ユニオンワークス
編集／小林大作、中尾緑子

※本書は2008年に小社より刊行した宝島SUGOI文庫『日本の右翼と左翼』に新たな原稿を加え、再編集したものです。

宝島SUGOI文庫

昭和の右翼と左翼
（しょうわのうよくとさよく）

2025年3月19日　第1刷発行

編　者　別冊宝島編集部
発行人　関川 誠
発行所　株式会社 宝島社
〒102-8388　東京都千代田区一番町25番地
電話：営業 03(3234)4621／編集 03(3239)0928
https://tkj.jp
印刷・製本　中央精版印刷株式会社

Printed in Japan
ISBN 978-4-299-06605-3